市场营销专业教学改革成果
创新教材

# 门店运营管理实训

Mendian Yunying
Guanli Shixun

梁彩花　主编

东北财经大学出版社　　大连

**图书在版编目（CIP）数据**

门店运营管理实训 / 梁彩花主编. —大连：东北财经大学出版社，2017.2

（市场营销专业教学改革成果创新教材）

ISBN 978-7-5654-2566-0

Ⅰ.门… Ⅱ.梁… Ⅲ.商店–运营管理–教材 Ⅳ.F717

中国版本图书馆CIP数据核字（2017）第006437号

东北财经大学出版社出版

（大连市黑石礁尖山街217号 邮政编码 116025）

网　址：http://www.dufep.cn

读者信箱：dufep@dufe.edu.cn

大连永盛印业有限公司印刷　　　　东北财经大学出版社发行

幅面尺寸：148mm×210mm　字数：128千字　印张：6.75　插页：1

2017年2月第1版　　　　　　　　2017年2月第1次印刷

责任编辑：张旭凤　韩敌非　　　　　　责任校对：贝　达

封面设计：冀贵收　　　　　　　　　　版式设计：钟福建

定价：20.00元

# 序

《教育部关于以就业为导向深化高等职业教育改革的若干意见》中清晰、准确地提出了高等职业教育的培养目标，即高等职业教育应以服务为宗旨，以就业为导向……坚持培养面向生产、建设、管理、服务第一线需要的"下得去、留得住、用得上"，实践能力强、具有良好职业道德的高技能人才。高技能人才职业能力的培养离不开实践教学环节，而实践教学环节包括校内实训和校外实践两个部分。市场营销专业是一个操作性、实践性都很强的专业，实践能力在市场营销专业学生的整体素质中居于非常重要的地位，是学生综合职业能力的重要组成部分。因此，如何有效开展市场营销专业校内实训是每一个高职院校市场营销专业必须面对和解决好的问题。

在现代市场经济条件下，不仅企业存在市场营销活动，而且社会、政治、法律、文化等领域中的非营利性组织和团体也要开展营销活动，市场营销的应用领域事实上已经超出了经济活动的范围，并且越来越受到人们的重视。在职业教育院校，如何切实提高学生的营销技能，使学生具备较强的实际操作能力，是市场营销专业建设的关键之一。

为此，学校如果能够与行业企业紧密合作，以工作过程为线索，根据市场营销实际工作岗位的工作任务和任职要求，参照相关的职业资格标准，编写市场营销实训系列教材，并将其作为市场营销理论的配套教材，势必会对市场营销专业学生实际操作能力的培养有一定的帮助。

在这方面，许多高职院校及骨干教师勇于探索、不断创新，取得了令人欣慰的成果。"市场营销专业教学改革成果创新教材"即是其中之一。

山西省财政税务专科学校是全国首批28所国家示范性高职高专院校之一，其市场营销专业作为教育部高职高专教育专业教学改革试点、国家高职高专示范院校建设中央财政支持重点建设专业，10多年来大胆探索与创新，取得了多项国家级、省级的教学成果。

这套"市场营销专业教学改革成果创新教材"正是在这样的专业发展背景下产生的，其特色与创新体现在：首先，这是职业教育市场营销专业骨干教师持续教学改革与探索的沉淀。编者在充分调研企业工作岗位实践需要的基础上，进行了大胆改革创新，并在实际教学中逐渐完善，在以财经教育专业出版享誉行业的东北财经大学出版社的配合下，形成了独具特色的市场营销专业实训系列教材。其次，教材的呈现形式有所创新，工作任务操作具有仿真效果，属于开先河之举。这套教材根据高等职业教育改革的要求，以职业岗位活动为导向，以仿真工作项目为载体，实现了课堂教学与工作岗位任务的零距离结合。

虽说这套教材是尝试性的创举，但是其凝结了编者多年的教学心血，是智慧的结晶，所以我期待这套"市场营销专业教学改革成果创新教材"能够得到广大同仁的认同与推广，能够在职业教育培养符合社会和时代需要的市场营销高技能人才中发挥一定的作用。

2016年6月

# 前 言

近年来，高等职业院校市场营销专业不断探索，以优秀企业为依托，以培养专业人才为目标，力图构建"工学结合、岗位轮替、能力提升"的人才培养模式，为社会、企业输送高素质、技能型专门人才。

本书立足于门店管理岗位对门店运营管理的理论知识和应用能力的需要，针对高职高专人才的特点和人才培养目标的要求，以提高学生整体素质为基础，以培养学生技能为主线，结合门店实际经营中各环节操作实务，选取具有代表性、典型性的工作情景设计相关实训项目，介绍岗位所必需的日常管理、员工管理、理货管理、收银管理、商品管理等知识和技能，使学生初步具备根据企业日常事务处理门店营运中的常规性工作的能力，为将来做好职业准备。

本书具有以下特点：

1.突出职业性

为培养高职学生的职业素养和职业能力，本书在每个实训项目中都设计了情景设计、要点指导、操作步骤、案例分析讨论、效果评价等，使学生在学习理论的同时职业能力也得以锻炼和提高。

2.体现岗位性

为适应门店运营管理的实际需要，本书注重店长、理货、收银、商品管理、日常管理等岗位人员能力的培养。

3.注重实操性

为培养高职学生的专业技能，本书各项目都是以实践训练为主，包括实训任务分解、能力目标要求、实训情景设计、实训要点指导、实训操作步骤、案例分析讨论、实训效果评价，使学生在实训中切实提高理论知识的运用能力和实际操作能力。

本书在编写过程中得到了山西省财政税务专科学校有关部门领导和同事的大力支持和帮助，在此谨向他们表示衷心的感谢。

由于编者水平有限，书中难免会存在不足之处，敬请广大读者批评指正。

**编　者**

2017年1月

# 目　录

门店运营管理实训概述/1

实训项目一　连锁门店日常管理实训/4

　　实训任务一　门店卫生规划管理训练/4

　　实训任务二　门店安全作业管理训练/17

实训项目二　门店员工管理实训/37

　　实训任务一　店长人员招聘技能训练/37

　　实训任务二　店长人员管理技能训练/60

实训项目三　理货员作业管理实训/92

　　实训任务一　理货员补货操作训练/92

　　实训任务二　理货员收货操作训练/105

实训项目四　收银员作业管理实训/122

　　实训任务一　收银员作业流程训练/122

　　实训任务二　收银员收银作业训练/139

**实训项目五　连锁门店商品管理实训/154**

　　实训任务一　商品促销策划训练/154

　　实训任务二　商品销售技巧训练/179

**主要参考文献/205**

门店运营管理实训

# 门店运营管理实训概述

## 一、门店运营管理实训的意义

"门店运营管理实训"是实现本专业培养目标的重要教学环节。"门店运营管理实训"在培养该专业学生探求管理原理、强化社会服务意识、提高综合实践能力与素质等方面，具有不可替代的作用，是营销专业职业教育与门店运营实践相结合的重要体现，是培养大学生的创新能力、实践能力和创业精神的重要实践环节。同时，门店运营管理能力也是衡量本专业教学水平和学生毕业资格认证的重要依据。

## 二、门店运营管理实训的目标

### （一）知识目标
1.掌握门店运营管理实训必备的基本理论知识。
2.掌握各类岗位实训技能的操作原则与程序。

### （二）能力目标
1.掌握门店日常管理的重点。
2.掌握店长的员工管理能力。

3.掌握理货员的岗位操作技术。

4.掌握收银管理的重点。

5.熟悉商品管理的重点。

## 三、门店运营管理实训内容与课时安排

门店运营管理实训内容与课时安排见表0-1。

表0-1　　门店运营管理实训内容与课时安排

| 项目序号 | 项目名称 | | 周次 | 课时 | 备注 |
|---|---|---|---|---|---|
| 实训项目一<br>连锁门店日常管理实训 | 实训任务一　门店卫生规划管理训练 | | 18 | 8 | |
| | 实训任务二　门店安全作业管理训练 | | 18 | 8 | |
| 实训项目二<br>门店员工管理实训 | 实训任务一　店长人员招聘技能训练 | | 18 | 8 | |
| | 实训任务二　店长人员管理技能训练 | | 18 | 6 | |
| 实训项目三<br>理货员作业管理实训 | 实训任务一　理货员补货操作训练 | | 18 | 6 | |
| | 实训任务二　理货员收货操作训练 | | 18 | 8 | |
| 实训项目四<br>收银员作业管理实训 | 实训任务一　收银员作业流程训练 | | 18 | 8 | |
| | 实训任务二　收银员收银作业 | | 18 | 6 | |
| 实训项目五<br>连锁门店商品管理实训 | 实训任务一　商品促销策划训练 | | 18 | 8 | |
| | 实训任务二　商品销售技巧训练 | | 18 | 6 | |
| 总计 | | | | 72 | |

### 四、实训方法简介

本课程的实训主要采取在设置的情境中进行角色模拟扮演的方法，以掌握解决实际门店运营问题的方法与技能。在每一个实训项目中，根据实训任务要求，授课教师设计特定的情境，学生以小组为单位，以所学理论知识为基础，充分发挥每位学生的优势与特长，以分工合作的方式完成实训内容。不过，根据实训内容的不同也可以采取多种实训方法，如角色扮演法、主题讨论法、案例教学法等，激发学生的创新意识，锻炼学生的沟通应变能力。

### 五、实训考核评价

每个实训项目完成后先由学生自评或互评，再由教师点评，最后综合评分，填写每个项目对应的考核评价表。课程结束时将所有项目的考核评价表成绩综合。实训考核成绩分为优、良、中、及格、不及格五个等级。

# 实训项目一
# 连锁门店日常管理实训

## 实训任务一　门店卫生规划管理训练

### ◉ 实训任务分解

1.进行企业调研，了解其清洁卫生管理流程。

2.了解企业卫生管理制度，学会制定门店卫生管理制度。

3.进行门店卫生状况评价。

### ◉ 能力目标要求

1.掌握制定门店卫生环境与个人卫生管理制度的要领。

2.能根据门店经营需要制定相应的卫生管理制度和管理表单，考核门店员工与环境卫生情况。

## ◉ 实训情景设计

无论是从重视顾客的感受上，还是从关心员工的健康上来讲，店长都有责任督促有关人员保持门店周边及内部环境的清洁与卫生，并制定相应的环境卫生和个人卫生制度与执行标准。

黄店长所在的生鲜超市位于一成熟小区附近，每日前来光顾的大多是附近的居民。随着生活节奏的日益加快，熟食越来越受到顾客的青睐。但主妇们在采购熟食时难免有些顾虑——这些看似可口的熟食，是否安全卫生？黄店长深知，要提高熟食的销量，一定要打造"安全放心"的品牌，在卫生管理上下功夫。因此，王店长根据门店情况，制定了操作间卫生执行标准、店员卫生执行标准及门店卫生、员工卫生考核制度。

请问：在制定卫生管理制度时涉及哪些内容？对卫生的考核指标又有哪些？

## ◉ 实训要点指导

### 一、清洁卫生管理流程

店长需要对门店的清洁卫生负责，做好日常卫生管理工作。图1-1描述了门店清洁卫生管理流程。

### 二、制定门店卫生管理制度

以下为某门店制定的卫生管理制度：

为确保员工与顾客的身体健康，提高工作质量和服务质量，使卫生工作制度化，特制定本制度。

```
编写"门店清洁计划表"  ◄──  门店综合业务部长/店长助理

        │
        ▼

  对员工进行培训      ◄──      各部门经理

        │
        ▼

依照"门店清洁计划表"进行工作  ◄──  各区域员工、促销员

        │
        ▼

按照"门店清洁计划表"进行检查  ◄──  各部门经理检查并签字确认

        │
        ▼

按照"门店卫生检查表"
进行检查,并将发现的问题  ◄──  店长助理或店长组织抽查
填入"门店卫生行动表"

        │
        ▼

依照"门店卫生行动表"中
的解决方案检查改善情况  ◄──  总部营运中心抽查
```

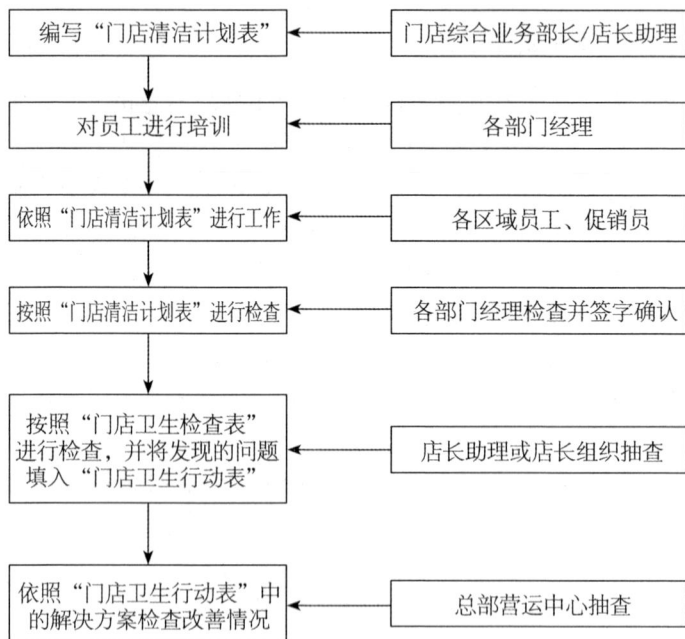

**图1-1 门店清洁卫生管理流程**

（1）卫生管理工作统一由行政部负责。

（2）本店卫生要求，全体人员须一律遵守。

（3）凡新进员工，必须了解清洁卫生的重要性与必要
的卫生知识。

（4）店铺外要保持清洁，各种车辆按规定地点停放
整齐。

（5）保持店内店堂、走廊、公厕的清洁，做到光亮、
无异味。

（6）保持内部卫生间及其他公共场所洁净、无蚊蝇。

（7）各部门办公室内要保持整齐，窗明几净，不得将室内垃圾扫出门外。

（8）排水沟应经常清除污秽，保持清洁畅通。

（9）凡可能寄生传染菌的原料，应于使用前适当消毒。

（10）凡可能产生有碍卫生的气体、灰尘、粉末，应作如下处理：

①采用适当方法减少有害物质的产生。

②使用密闭器具以防止有害物质的散发。

③在产生此项有害物的最近处，按其性质分别作凝结、沉淀、吸引或排除等处置。

（11）凡处理有毒物或高温物体的工作以及从事有尘埃、粉末或有毒气体散布的工作，或暴露于有害光线的工作等，需用防护服装或器具者，门店按其性质置备相应的防护服装或器具。

（12）垃圾分类后倒入指定地点，不得倒在垃圾道或垃圾桶外。倒完垃圾后要及时盖好盖子。

（13）爱护和正确使用厕所设备。卫生巾、手纸要扔入垃圾篓内，严禁将茶根、杂物倒入洗手池。

（14）店内的办公室、库房等场所，由在其间工作的员工负责打扫，做到日扫日清、定期大扫除。

（15）各工作场所的采光应满足下列要求：

①各工作部门须有充分的光线。

②光线须有适宜的分布。

③光线须防止炫目及闪动。

（16）各工作场所的窗户及照明器具的透光部分，均需保持清洁。

（17）凡阶梯、升降机上下处及机械危险部分，均需要适度的光线。

（18）各工作场所须保持适当的温度，并根据不同季节予以调节。

（19）各工作场所须保持空气流通。

（20）员工食堂及厨房的一切用具，均须保持卫生清洁。

（21）门店应设置常用药品并存放于小箱或小厨内，以便员工取用。

（22）公共卫生区域由保洁员清扫，实行卫生质量、费用承包。

（23）店长每半年组织一次卫生大检查。此外，重大节日前也要进行检查，并对卫生工作作出讲评。

◎ **实训操作步骤**

门店卫生规划管理训练步骤如图1-2所示。

```
┌─────────────────────────────────────────────┐
│   进行企业调研，了解其清洁卫生管理流程        │
└─────────────────────────────────────────────┘
                      │
                      ▼
┌─────────────────────────────────────────────┐
│        了解企业卫生管理制度                    │
└─────────────────────────────────────────────┘
                      │
                      ▼
┌─────────────────────────────────────────────┐
│        进行门店卫生状况评价                    │
└─────────────────────────────────────────────┘
```

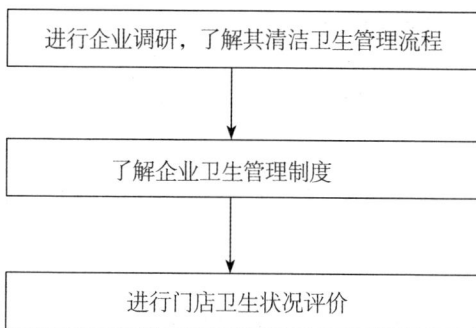

**图1-2　门店卫生规划管理训练步骤**

## 步骤一：进行企业调研，了解其清洁卫生管理流程

### 一、做好准备工作

1.前期准备工作＿＿＿＿＿＿＿＿＿＿＿＿＿＿＿＿＿＿＿＿＿

＿＿＿＿＿＿＿＿＿＿＿＿＿＿＿＿＿＿＿＿＿＿＿＿＿＿＿＿

＿＿＿＿＿＿＿＿＿＿＿＿＿＿＿＿＿＿＿＿＿＿＿＿＿＿＿＿

2.确定调查对象＿＿＿＿＿＿＿＿＿＿＿＿＿＿＿＿＿＿＿＿＿

＿＿＿＿＿＿＿＿＿＿＿＿＿＿＿＿＿＿＿＿＿＿＿＿＿＿＿＿

＿＿＿＿＿＿＿＿＿＿＿＿＿＿＿＿＿＿＿＿＿＿＿＿＿＿＿＿

3.确定调查事件＿＿＿＿＿＿＿＿＿＿＿＿＿＿＿＿＿＿＿＿＿

＿＿＿＿＿＿＿＿＿＿＿＿＿＿＿＿＿＿＿＿＿＿＿＿＿＿＿＿

＿＿＿＿＿＿＿＿＿＿＿＿＿＿＿＿＿＿＿＿＿＿＿＿＿＿＿＿

4.确定日程安排＿＿＿＿＿＿＿＿＿＿＿＿＿＿＿＿＿＿＿＿＿

＿＿＿＿＿＿＿＿＿＿＿＿＿＿＿＿＿＿＿＿＿＿＿＿＿＿＿＿

＿＿＿＿＿＿＿＿＿＿＿＿＿＿＿＿＿＿＿＿＿＿＿＿＿＿＿＿

## 二、了解企业基本情况

1.门店基本情况_____

_____

_____

2.门店经营状况_____

_____

_____

## 三、了解门店清洁卫生管理流程_____

_____

_____

## 步骤二：了解企业卫生管理制度

### 一、调查门店卫生管理制度

1.分析门店卫生管理制度_____

_____

_____

2.针对不足提出建议_____

_____

_____

### 二、针对门店实际情况，帮助企业制定出合理的卫生管理制度_____

_____

_____

## 步骤三：进行卫生状况评价

### 一、评价门店卫生状况

1.营业区域_____

_____

_____

2.办公区域_____

_____

_____

3.员工个人_____

_____

_____

### 二、填写评价表

制定好门店的卫生管理制度后，店长应依据相关规定，定期对门店卫生状况进行检查，并如实填写门店卫生检查评价表（见表1-1）。

表1-1　　　　门店卫生检查评价表

| 检查区域 | 评分项目 | 评分（1~10分） | 备注 |
|---|---|---|---|
| 营业区域 | 卖场是否有卫生死角 | | |
| | 走道是否通畅、无垃圾 | | |
| | 营业区域是否整洁 | | |

续表

| 检查区域 | 评分项目 | 评分<br>（1~10分） | 备注 |
|---|---|---|---|
| 办公区域 | 工作区域是否整洁 | | |
| | 办公设备维护状况 | | |
| 员工个人 | 工服是否干净、整洁 | | |
| | 仪容仪表是否得体 | | |

## ◉ 案例分析讨论

### 案例一

经济快速发展，居民生活节奏日益紧凑，以及生活方式的改变，使得方便快捷的外卖逐渐成为人们吃饭时的首选，上班族、学生，甚至家庭也都接纳并更多地使用外卖，"饿了么"作为外卖平台，就在这种情况下应运而生，并在最近5年快速发展，但与此同时，问题接踵而至。在央视"3·15"晚会上，"饿了么"第一个上榜。央视的暗访视频中，部分外卖商家存在卫生差、没有营业执照等问题。"饿了么"食品卫生安全令人担忧。

视频中，老板娘用牙咬开火腿肠放到炒饭中，厨师将手指伸进锅里沾汤汁尝味道，员工协助黑作坊入驻平台……被央视"3·15"晚会曝光后，日前网上订餐平台"饿了么"连续发声，并推出一系列整改措施。如今半个月过去，《北京晨报》记者多路暗访发现，涉嫌无照经营、登记地址虚假、盗用后厨照片等行为仍大量存在于"饿了么"平台。不少小店卫生问题令人作呕，就餐者的健康令人担忧！企业的诚信令人质疑！

其实不仅是"饿了么"平台，食品卫生安全、药品安全一直是人民关注的焦点。近些年，负面新闻不断，三聚氰胺毒奶粉、婴幼儿鱼肝油、毒豆芽、上海福喜事件不断涌现，致使人们对国内企业生产产品越发不信任。由于信任危机出现，不少市民为了安全，宁肯出国购买相关产品。这种现象值得深思。

资料来源　佚名.3·15曝光饿了么：用牙开火腿肠　厨师手指沾汤汁［EB\OL］.［2016-03-28］.http://news.youth.cn/gn/201603/t20160315_7747071.htm.

讨论：

1.卫生问题会对门店运营产生影响吗？

2.门店如何才能做好卫生规划？

**案例二**

最近，超市食品问题频频出现，不久前，杭州沃尔玛山姆会员店被曝出涉嫌销售过期澳洲牛排。今年3月份，更是有媒体记者卧底华润万家旗下的高端超市Ole'，令其食品安全问题大白于天下。6月，上海电视台又曝光了卜蜂莲花超市售卖假羊肉的消息。

北京晖邑零售商管理咨询公司首席咨询师刘晖告诉《每日经济新闻》记者，目前，超市对相应产品进行检验时均是批次检验，不是批批检验。"送检的那批肯定没问题，卜蜂莲花送货的过程，送检的这批和销售的那批可能不是同一批，这样的状况在超市里面很正常。"

那和旺的该产品是否有多个批次的进货？卜蜂莲花表示其并不清楚。

广东省流通业商会执行会长黄文杰告诉《每日经济新闻》记者，超市方在销售类似的生鲜产品时，存在两种合作方式：一种是自己去检测、经营；另一种就是所谓的专柜，表面上看是超市在做，但是其实是承包给一些经营肉制品的商家。

黄文杰表示，若以专柜方式操作，可能会存在检测的疏忽。"说到底，产品均是在自己商场售卖。"但如果完全是由超市进货、售卖，那么超市方面承担的责任就更大。黄文杰指出："按照国内目前的法律，在消费者那端还是会认为以超市的名义销售的，谁经营谁负责，接下来不管用什么样的形式经营商品，超市都应完善来货监控的过程，加强在供应链上的监管。"

业界人士告诉记者，在整个销售链条涉及诸多环节，超市本身已经是最后一关了，仅靠这最后一关的检测是不够的，更应该从源头上解决，而这恰是目前行业内普遍缺失的。

资料来源　王敏杰.卜蜂莲花被曝销售假羊肉供应销监管或有漏洞［N］.每日经济新闻.［2013-06-05］.

讨论：

1.为提高顾客满意度，超市作为最普遍的零售终端该如何做好商品卫生管理呢？

2.请围绕自己的知识经验提出建设性意见。

## ◎ 实训效果评价

请根据实训情况填写门店卫生规划管理训练评价表，见表1-2。

表1-2　　　　门店卫生规划管理训练评价表

| 实训任务 | 考核标准 | | | | | |
|---|---|---|---|---|---|---|
| | 考核要素 | 评价标准 | 分值（分） | 评分（分） | | |
| | | | | 自评（10%） | 互评（30%） | 教师评（60%） |
| 制定门店卫生管理制度 | 可操作性 | 根据门店实际情况制定卫生管理制度，相关人员在执行制度时可操作，对改善门店卫生有效果 | 20 | | | |
| | 严谨性 | 管理制度规范不烦琐，内容全面，结构合理，涉及门店经营管理的各项卫生要求 | 15 | | | |
| | 语言规范 | 文字描述规范、简洁、易懂，方便指导员工执行 | 15 | | | |

| 实训任务 | 考核标准 | | | | | |
|---|---|---|---|---|---|---|
| | 考核要素 | 评价标准 | 分值（分） | 评分（分） | | |
| | | | | 自评（10%） | 互评（30%） | 教师评（60%） |
| 检查门店卫生情况 | 范围全面 | 门店卫生检查涉及经营区域、办公区域及员工个人，要求检查范围全面 | 10 | | | |
| | 标准严格 | 根据门店卫生管理制度严格检查卫生状况，制定严格的评价标准 | 15 | | | |
| | 奖惩分明 | 对检查结果做到奖惩分明，对优秀部门及个人予以奖励，对不合规定的部门及个人作出相应惩罚 | 10 | | | |
| | 提出整改措施 | 对存在的卫生问题，提出整改措施，措施具有可执行性和有效性 | 15 | | | |
| 合　计 | | | | | | |

评语

## 实训任务二　门店安全作业管理训练

### ◎ 实训任务分解

1.进行企业调研，了解门店概况。

2.了解门店紧急事故作业处理规范。

3.进行安全检查，发现问题并作整改。

### ◎ 能力目标要求

1.掌握安全防范管理基本流程。

2.能够根据门店实际情况制定安全防范制度，并对安全进行检查，对发现的问题能提出整改措施。

### ◎ 实训情境设计

门店的安全问题始终是最难以预测的。防微杜渐、未雨绸缪，是每个店长每日、每时、每刻都应做到的工作。预防工作做到位，即使不测发生，损失也会降低到最低。华商超市文华店下周就要迎来开店十周年的庆典，门店策划了众多的促销及主题活动庆祝，并做了大力的宣传工作。文华店开业十年来，经营面积经过几次扩大，已经达到2层共6 000平方米、经营商品逾16 000个品种的规模。平日接待客流量大约为1万人次，预计店庆当天将翻倍达到2万人次。为了防止店庆期间由于到店顾客众多引发安全事故，文华店的于店长制订了安全紧急预案，并对全体员工做了宣导及相关的训练和演习。其实，不光是店庆期间，在整个门店管理中，都要做好安全防范管理工作。

请问：如何做好安全防范管理？操作流程如何？在管理过程中需要注意什么？

◎ **实训要点指导**

### 一、安全防范管理流程

门店安全是指门店及顾客、员工的人身和财产在门店所控制的范围内没有风险，也没有其他因素导致危险发生。店长对安全作业实施管理，可以消除各种隐患和风险，对各种不安全状态进行管控，最大限度地预防和避免意外事故的发生。门店安全防范的管理流程如图1-3所示。

在门店安全管理中，消防管理是其中的一项重要工作。门店须制定消防制度，并对员工进行消防培训，落实

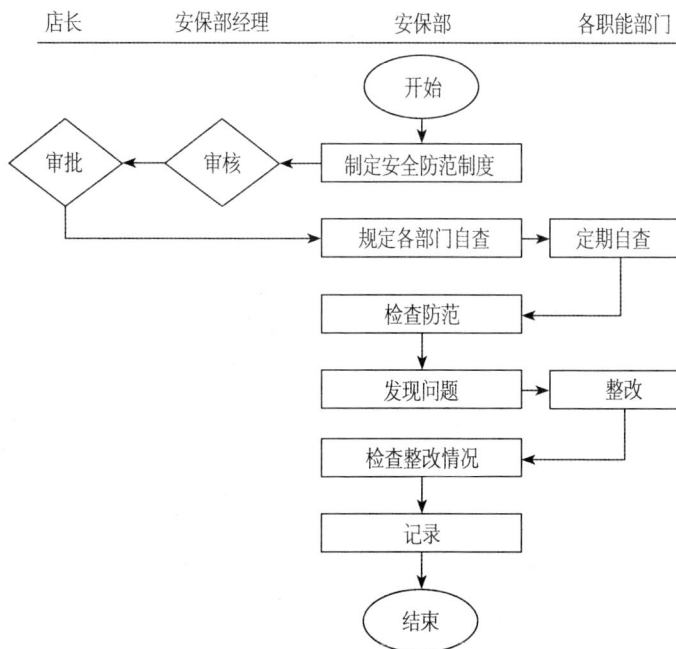

| 店长 | 安保部经理 | 安保部 | 各职能部门 |
|---|---|---|---|

**图1-3 门店安全防范的管理流程**

责任和分工，且平时要进行消防演练，谨防在遇到火灾时员工手足无措、无法应对。门店消防管理工作的具体流程如图1-4所示。

**二、制定紧急事故处理作业规范**

连锁门店根据具体情况安全预案，并做全员宣导，要求员工按照规定作业标准规范作业，一旦发生安全事故，能将损失降至最低。

| 店长 | 安保部经理 | 消防中心 | 全体员工 |
|---|---|---|---|

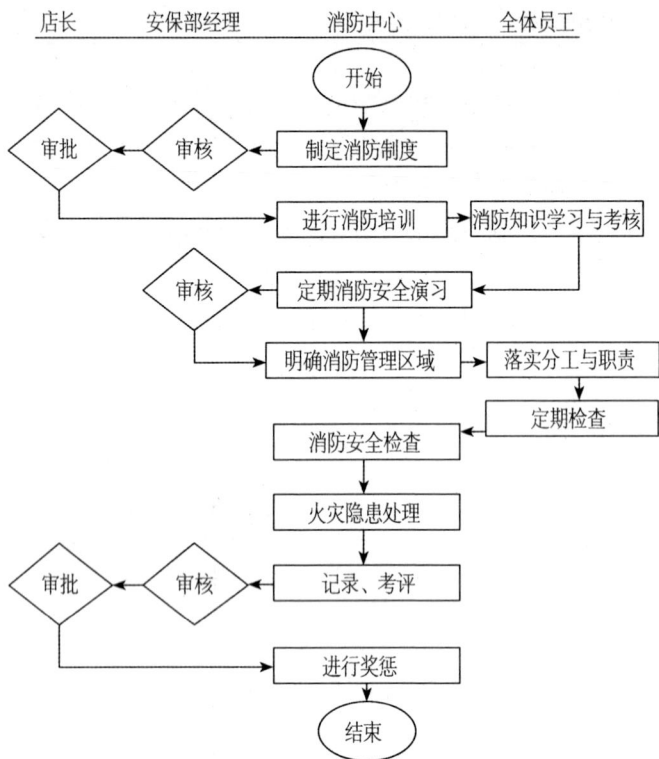

图1-4　门店消防管理的工作流程

（一）火灾处理

1.事前预防

（1）设置紧急应变任务小组。

（2）定期保养、检查消防设备，使其维持勘用状态。

（3）定期举行训练（含模拟实况演练、设备使用、防火知识教导）。

（4）保持逃生通道及安全门畅通。

（5）绘制门店消防设备配置图及逃生路线平面图。

（6）防火安全卷门下不可放置物品。

2.一般火灾处理

（1）就近利用消防设备迅速灭火。

（2）通报店长或值班经理。

（3）通知总公司运营管理处及财务处。

3.重大火灾处理

（1）关闭所有电源及瓦斯开关。

（2）广播通知大家依紧急应变任务编组执行任务。

（3）通报门店经理或值班经理，统一指挥调度。

（4）在不危害自身安全情况下，使用灭火设备，协助灭火。

（5）疏散店内顾客（不要使用电梯、电扶梯）

（6）打"119"电话报案。

（7）协助受伤顾客去医院。

（8）抢救财物。

（9）清点人员。

（10）交通管制。

4.事后处理

（1）门店经理整理事故资料通报总公司运营管理处。

（2）拍照存证。

（3）清点财物损失，编列清册。

（4）请总公司财务处通知保险公司会勘损失情形。

（5）检讨火灾原因及处理过程缺失，作为改善的依据。

（二）台风处理

1.事前预防

（1）随时检修门窗、招牌。

（2）保证排水系统正常、水沟不堵塞。

（3）保证紧急照明灯正常勘用。

（4）保证紧急发电机正常勘用且油料充足。

（5）注意台风动态。

（6）清除屋顶杂物。

2.台风来袭

（1）成立防台风任务编组。

（2）店长、值班经理、防损员、维修人员及指定人员于指定地点待命。

（3）防台风器具准备（如手电筒、对讲机、雨衣、车辆）。

（4）关闭不须使用的电源及瓦斯开关。

（5）必要时门窗加装固定设备，如贴胶带。

（6）注意员工、顾客安全，作必要的协助。

（7）如严重淹水，立即将重要文件及物品转移至安全区域。

3.台风过后

（1）检查各项设施是否损坏。

（2）检查商品、设备损坏情形。

（三）地震处理

1.事前作业

（1）定期维护各项措施。

（2）定期保养各项设备。

（3）商品陈列整齐。

2.发生地震

（1）保持镇静，不要恐慌、奔跑。

（2）靠墙或过道站立。

（3）可躲到桌子或椅子下。

（4）安抚顾客，避免其慌张和彼此碰撞，造成伤害。

3.地震过后

（1）清点损失。

（2）拍照存证。

（3）清理现场，使卖场立即恢复营业（损害轻微时）。

（4）广播请顾客安心购物。

（5）将损害情形列册交总公司运营管理处及财务处，向保险公司求偿。

（四）劫案处理

1.事前预防

（1）设置警民连线。

（2）配合警网建立巡逻系统。

（3）防抢训练。

（4）随时注意可疑人物。

（5）财务处交付现金给保安公司及银行人员前，须先确定其身份。

（6）重点区域设监控器。

2.发生劫案

（1）必须确保员工及自身安全。

（2）冷静、沉着，记下歹徒容貌、身高、穿着、特征、年龄。

（3）不和歹徒抗辩、冲突。

（4）在不发生危险的情况下，启动警民连线装置。

3.事后处理

（1）向公安机关报案。

（2）报告店长或值班经理，呈报总公司运营管理处。

（3）维持现场完整，等警察到场后再清理现场。勿立即告诉警方损失，应于第二天清点后，以书面资料做报案记录，送交警方。

（4）将全案制成报告送总公司营管处及财务处，向保险公司求偿。

（五）夜间侵入处理

1.事前预防

（1）设置保全系统。

（2）夜间警网巡逻。

（3）设置警民连线。

（4）随时检查建筑物是否被破坏。

（5）教育员工偷窥法办的观念。

（6）夜间保持部分通道灯光。

2.发生窃案

（1）接获监控中心通知异常，保安人员立即通报店长，并立刻到现场。

（2）打开店内所有灯光。

（3）如果遇到歹徒，避免与其打斗，确保自身安全，并记下歹徒容貌、身高、年龄等特征。

3. 事后处理

（1）如证实有人侵入，即刻报警，并由店长通报总公司营运管理处。

（2）保持现场完整，等警察到场处理后再清点损失。

（3）现场如被破坏，则拍照存证。

（4）全案做成报告转送总公司运营管理处及财务处，向保险公司及保全公司求偿。

4. 人身伤害预防与处理

（1）准备紧急照明灯、手电筒。

（2）店内之动线、装潢设计及各种设备的装置，应考虑顾客及员工安全。

（3）员工于卖场工作应依据规定程序操作，注意自己与顾客的安全。

（4）堆高机、电动拖板车及其他设备使用时，应注意安全。

（5）注意地板不可太滑，不能积水。

（6）熟食及试吃展示应使用安全的桌子（陈列台）

（7）指派人员接受急救、包扎及心脏复苏术训练。

（8）和医院建立特约医疗关系。

（9）一旦门店内发生人身伤害事故，须全案做成记录送交总公司营运管理处及财务处。

（10）人身伤害事故发生后由财务处负责向保险公司求偿。

（六）停电处理

1.事前处理

（1）设置自动发电机，并保持勘用状态，且油料准备充足。

（2）掌握电力公司的停电讯息，做好准备。

2.停电后

（1）确定自动发电机运转。

（2）广播通知顾客停电，由总机播广播稿。

（3）询问当地供电所，了解停电持续时间。

（4）加派人员巡视卖场，避免偷窃或意外事故。

（5）检查电路是否正常，如异常立即修复。

（6）将损害情形列册交总公司财务处，向保险公司求偿。

（七）停水处理

1.事前准备

（1）了解各种设备水容量及耗水量，做成书面资料备查。

（2）与消防队建立联系。

（3）寻找水源备用。

2.短暂停水（8小时以内）

（1）了解供水公司停水期限。

（2）减少进出冷藏、冷冻库次数。

（3）减少民生用水。

3.长时间停水（8小时以上）

（1）减少进出冷藏、冷冻库次数。

（2）减少或停止民生用水。

（3）联络消防队送水支援。

（4）至水源处接水或买水使用。

（5）抽地下水作为民生用水。

（八）群众事件处理

1.事前预防

（1）敦亲睦邻。

（2）营业高峰加强门店内人流引导。

（3）装设污水处理设备处理污水。

（4）注意商品质量及服务态度，优先处理顾客投诉。

（5）公司的福利制度符合法律规定。

2.发生群众事件

（1）由地区最高主管处理，必要时可报请总公司处理。

（2）了解造成抗争的原因。

（3）报警备案。

（4）处理过程不可使事件严重性扩大。

（5）不可引发暴力冲突。

（6）找出发起人或意见领袖协商。

（7）表达公司解决问题的诚意，承诺处理时间，请群众先行返回。

（8）请地区调解委员会协助处理。

（9）将损坏情形列册交总公司财务处，向保险公司求偿。

（九）意外事件处理

发生意外事件，应当按照以下流程进行处理：

（1）店内发现有意外事件时立即通知店长。

（2）依据受伤者之情形做紧急处理，并在24小时内填写意外事件处理记录，传至总公司营运处及保险公司业务联系人。

（3）做事后追踪并呈报总公司营运处。

**三、安全检查**

店长制定安全规范和检查标准，要求各部门自查与定期检查，填写安全检查表和消防检查表。

如在安全检查过程中发现问题，须认真填写异常情况处理表，并跟踪处理情况，解决安全隐患，降低门店损失。

◉ **实训步骤操作**

门店安全作业管理训练步骤如图1-5所示。

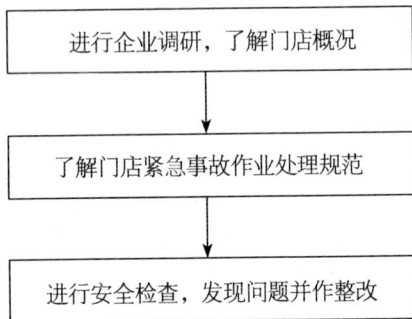

进行企业调研，了解门店概况

↓

了解门店紧急事故作业处理规范

↓

进行安全检查，发现问题并作整改

**图1-5 门店安全作业管理训练步骤**

**步骤一：了解门店概况**

**一、了解企业基本情况**

1.门店基本情况＿＿＿＿＿＿＿＿＿＿＿＿＿＿＿＿＿＿＿＿
＿＿＿＿＿＿＿＿＿＿＿＿＿＿＿＿＿＿＿＿＿＿＿＿＿＿＿
＿＿＿＿＿＿＿＿＿＿＿＿＿＿＿＿＿＿＿＿＿＿＿＿＿＿＿

2.门店经营状况＿＿＿＿＿＿＿＿＿＿＿＿＿＿＿＿＿＿＿＿
＿＿＿＿＿＿＿＿＿＿＿＿＿＿＿＿＿＿＿＿＿＿＿＿＿＿＿
＿＿＿＿＿＿＿＿＿＿＿＿＿＿＿＿＿＿＿＿＿＿＿＿＿＿＿

**二、了解门店安全防范管理流程**

1.访问店长＿＿＿＿＿＿＿＿＿＿＿＿＿＿＿＿＿＿＿＿＿＿
＿＿＿＿＿＿＿＿＿＿＿＿＿＿＿＿＿＿＿＿＿＿＿＿＿＿＿
＿＿＿＿＿＿＿＿＿＿＿＿＿＿＿＿＿＿＿＿＿＿＿＿＿＿＿

2.收集并分析资料＿＿＿＿＿＿＿＿＿＿＿＿＿＿＿＿＿＿＿
＿＿＿＿＿＿＿＿＿＿＿＿＿＿＿＿＿＿＿＿＿＿＿＿＿＿＿
＿＿＿＿＿＿＿＿＿＿＿＿＿＿＿＿＿＿＿＿＿＿＿＿＿＿＿

**步骤二：了解门店紧急事故处理作业规范**

**一、门店紧急事故处理作业规范**

1.火灾处理＿＿＿＿＿＿＿＿＿＿＿＿＿＿＿＿＿＿＿＿＿＿
＿＿＿＿＿＿＿＿＿＿＿＿＿＿＿＿＿＿＿＿＿＿＿＿＿＿＿
＿＿＿＿＿＿＿＿＿＿＿＿＿＿＿＿＿＿＿＿＿＿＿＿＿＿＿

2.台风处理＿＿＿＿＿＿＿＿＿＿＿＿＿＿＿＿＿＿＿＿＿＿
＿＿＿＿＿＿＿＿＿＿＿＿＿＿＿＿＿＿＿＿＿＿＿＿＿＿＿
＿＿＿＿＿＿＿＿＿＿＿＿＿＿＿＿＿＿＿＿＿＿＿＿＿＿＿

3.地震处理_____

_____

_____

4.劫案处理_____

_____

_____

5.夜间侵入处理_____

_____

_____

6.停电处理_____

_____

_____

7.停水处理_____

_____

_____

8.群众事件处理_____

_____

_____

9.意外事件处理_____

_____

_____

### 步骤三：进行安全检查，发现问题并做整改

**一、门店安全规范和检查标准**

1.门店部门自查制度与标准_____

_____

_____

2.门店定期检查制度与标准_____

_____

_____

## 二、填写表格

1.安全检查表（见表1-3）

表1-3　　　　　　安全检查表

| 时间 | 部门 | 岗位 | 检查项目 | | | | | | | | |
|---|---|---|---|---|---|---|---|---|---|---|---|
| | | | 环境卫生 | 通道 | 货架 | 电梯 | 工作台 | 通风 | 消防器材 | 人员操作 | 其他 |
| | | | | | | | | | | | |
| | | | | | | | | | | | |
| | | | | | | | | | | | |
| 备注 | | | | | | | | | | | |

2.消防检查表（见表1-4）

表1-4　　　　　　消防检查表

年　月　日　　值班消防主任：

| 检查场所 | 检查时间 | 检查项目 | | | | | | 检查人 |
|---|---|---|---|---|---|---|---|---|
| | | 1 | 2 | 3 | 4 | 5 | 6 | |
| | | | | | | | | |
| | | | | | | | | |
| | | | | | | | | |
| | | | | | | | | |
| 备注 | | | | | | | | |

| 检查项目 | 1.电闸、气闸、电气设备和线路情况<br>2.禁烟区域有无烟头、火种<br>3.消防栓及灭火器<br>4.消防报警装置情况<br>5.易燃易爆商品存放情况 | 注意事项 | 1.如无安全隐患请打"√"，否则打"×"<br>2.存在问题的，在备注栏详细说明<br>3.此表每天一张，每天上、下午各检查一次<br>4.此表应放在显眼位置，以备检查 |
|---|---|---|---|

### 3.异常情况处理表（见表1-5）

表1-5 **异常情况处理表**

编号： 年 月 日

| 检查员 | | 值班主管 | |
|---|---|---|---|
| 发生时间 | | 发生地点 | |
| 涉及人员 | | | |
| 异常情况 | | | |
| 处理措施 | | | |
| 店长批示 | | | |
| 处理结果 | | | |
| 备注 | | | |

4.其他_____
_____
_____

## ● 案例分析讨论

### 案例一

11月10日8时20分，在家乐福沙坪坝店自行组织的10周年店庆促销活动中，发生挤压踩踏事故，造成3人死亡，31人受伤（其中7人重伤）。试问：如果市民们能排队采购，如果商场工作人员能文明地售卖，甚至如果混乱局面刚一露出苗头，商场方面就能立即采取必要措施……以上"如果"只要实现一个，也不至于发生这么严重的事故。无疑，此次悲剧的发生原因，唯有"蔑视秩序"四字。市民们内在的秩序和商场外在的强制秩序双双缺失，致使事态完全失控，最终都成了有苦难言的受害者。当然，谁也不想出现这种局面，但或许唯有如此，我们才能深刻体会到生命的渺小与秩序的珍贵。

讨论：

1.该店在做促销时哪个环节出现了问题导致该事故的发生？

2.如何预防此类事故发生？

### 案例二

10月10日是星期天，南坪西路长江村十字路口的沃尔玛超市涌入了众多市民前来购物。上午10点43分，一个电话打到了超市前台总机，服务员刘小姐接线后发现，打来电话的陌生男子操着外地口音。

男子在电话中自称"方云芝"，他要求沃尔玛总裁陈耀昌在当天下午3点前，将3万元现金汇到他账户上，否则他将引爆藏在超市内的炸弹，炸掉沃尔玛，说完就挂断了电话。听到超市内藏有炸弹，刘小姐吓出一身冷汗，她一边向领导上报此事，一边拨打报警电话。接到报警后，南岸公安分局民警迅速赶到现场，与此同时，特警、刑警、交巡警等警种也赶到支援。为了不引起超市内上千顾客的恐慌，警方和超市方决定，通过用超市内的喇叭播放消防疏导演习的方式来疏散顾客。

很快，超市喇叭响起了"超市开始实施消防疏导演习，请顾客们听从附近售货员安排，尽快疏散"的不间断喊话。仅半小时，上千名顾客秩序井然，全部安全转移出超市。随后，警方对超市展开地毯式搜索，经过3小时排查，现场并没有找到爆炸物或疑似爆炸物。当天下午2点半，超市恢复正常营业。

讨论：沃尔玛超市在发生突发状况时举措得当吗？为什么？

◎ **实训效果评价**

门店安全作业管理训练评价表见表1-6。

表 1-6　　　　　　　门店安全作业管理训练评价表

| 实训任务 | 考核标准 | | | | | |
|---|---|---|---|---|---|---|
| | 考核要素 | 评价标准 | 分值（分） | 评分（分） | | |
| | | | | 自评（10%） | 互评（30%） | 教师评（60%） |
| 进行门店调研，了解门店紧急事故作业处理规范 | 调研能力、分析能力、观察能力 | 作企业调查时收集资料用的方法、手段具有科学性和实用性；信息收集具有完整性、代表性 | 40 | | | |
| 进行安全检查，发现问题并作整改 | 资料分析能力、写作能力、团队合作能力 | 检查范围全面，涉及门店公共区域、卖场及办公区域。对存在的安全问题，提出整改措施，措施具有可执行性和有效性 | 35 | | | |

| 实训任务 | 考核标准 | | | 评分（分） | | |
| | 考核要素 | 评价标准 | 分值（分） | 自评（10%） | 互评（30%） | 教师评（60%） |
|---|---|---|---|---|---|---|
| 总结汇报 | 资料分析能力、写作能力、团队合作能力 | 正确提交实训报告，制作图文并茂、内容翔实的PPT | 25 | | | |
| 合计 | | | | | | |
| 评语 | | | | | | |

# 实训项目二
# 门店员工管理实训

## 实训任务一　店长人员招聘技能训练

### ◎ 实训任务分解

1.拟订招聘计划。
2.安排甄选。
3.试用考核。

### ◎ 能力目标要求

通过实训，掌握连锁门店员工招聘与甄选的步骤，能根据门店人员需要，拟订招聘计划，并通过合理甄选招聘到合适的员工。

1.能招聘并甄选合格的员工。
2.能把合适的人安排在合适的位置上。
3.能对员工进行有效培训，使员工掌握岗位操作规范和技能。

4.能充分了解员工需要，有效激励员工。

5.能制定合理的绩效目标，正确实施绩效考核。

6.能有效应对员工流失。

○ **实训情景设计**

招聘并甄选合格的员工是门店得以不断发展的前提条件。因此，店长的本职工作就是开展高效率、低成本的招聘工作，为员工今后的培训、考评、劳动关系等打下良好的基础。

董云是美特好超市大学店的店长，最近门店的生鲜科经理向她递上了辞呈，挽留无果，只能再物色新的生鲜经理。超市生鲜难做，对生鲜经理的要求很高。钟店长首先想到的是自己圈内的好友，看是否有合适的人选推荐，同时在招聘网站上发布招聘信息，希望有意者前来面试。经过人事部门筛选，董店长对最终入围的3个人选安排了面试。甲某有15年从事零售工作的经验，之前在一家小型超市任职副店长，为了有更大的发展空间，要求来美特好这样的大型超市担任经理。乙某是竞争门店的生鲜科经理，有丰富的管理经验，但由于跟原单位闹了些矛盾，想跳槽，看到美特好招聘，就来面试。丙某就是美特好门店的生鲜科长，之前担任蔬果科长，工作表现一直不错，与员工关系也好，想借这次生鲜经理离职的机会，争取能晋升做个经理。

请问：董店长如何从三位面试者中挑选一位合适的担任门店生鲜科经理？

## ⊙ 实训要点指导

### 一、确定人员需要

确定人员需要是招聘的前提。店长必须了解门店人员需要，并制订符合门店实际需要的招聘计划。表2-1介绍了确定人员需要的步骤及需要考虑的因素。

表2-1　确定人员需要的步骤及需要考虑的因素

| 项目 | 考虑因素 |
|---|---|
| 确定招聘职位 | 1.确定填补岗位空缺的部门与职务<br>2.确定工作内容、职责和权限<br>3.预测店员流动情况<br>4.建立合理人才梯队，做到随时替补 |
| 确定任职资格 | 1.年龄、性别、外貌等<br>2.学历或受教育情况<br>3.工作经验、专长、以往业绩等<br>4.知识、技能情况 |
| 确定招聘人数 | 1.确定空缺职位所需人员<br>2.掌握求职人数与空缺职位的合理比例，确定人员招聘规模 |

### 二、拟订招聘计划

招聘计划是否完美，直接影响门店招聘成效。在招聘前，店长应该指导相关人员拟订详尽、可行的招聘计划（见表2-2），并设计应聘人员登记表，获得批准后进行招聘。

表 2-2　　　　　　　　　**招聘计划的内容**

| 项目 | 考虑因素 |
|---|---|
| 准备工作 | 1.确定招聘的职位、人数和要求<br>2.审核聘用标准<br>3.确定主持人<br>4.准备招聘工具 |
| 确定招聘渠道和方式 | 1.媒体广告：报纸、杂志、电视、网络等<br>2.推荐介绍：企业员工推介对招聘人才比较有效，但招聘面窄一些<br>3.现场招聘：短期内可收到大量简历，且与应聘者面对面交流，但费时、费力且成本高<br>4.中介推荐：通过人才交流中心找到符合要求的人员资料，针对性强，费用低<br>5.张贴公告栏：在门店橱窗张贴招聘广告，见效快，适合单店招聘，且费用低 |
| 甄选方式 | 1.面试：考察应聘者的各项能力<br>2.笔试：考察应聘者的记忆力和思考力<br>3.实地测试：考察应聘者的实际操作能力 |
| 日程安排 | 1.招聘信息发布日期<br>2.应试者笔试日期<br>3.应试者面试日期<br>4.录用日期<br>5.总结和评估日期 |

| 项目 | 考虑因素 |
|---|---|
| 制作招聘文件 | 1.设计招聘广告：包括企业基本情况、招聘职位名称与人数、各职位职责和任职资格、报名方式、报名时间、报名所需资料等<br>2.设计应聘者登记表：包括识别信息、个人信息、身体特征、受教育状况等 |

### 三、人员甄选

招聘过程中，如能甄选到能力强且态度好的员工，不但可以提高门店效益，还能降低门店运营成本。人员甄选关系到门店生产和发展，是店长的重点工作之一。人员甄选流程因企业而异，一般包括以下步骤：接受简历→初步筛选→先行接见→填写申请表→笔试→面试→测验→调查→体检→初步决定→最后决定→正式录用。图2-1和表2-3对人员甄选步骤作了进一步说明。

### 四、试用考核

一般而言，新员工在面试合格后，要经历试用期的考核。原则上，没有相关工作经验的员工试用期为三个月，期满考核合格者才能正式录用。成绩优良者，可适当缩短试用时间。

试用期满后，由主管部门根据新员工试用申请及核定表考核试用人员，并报上级审核。对终止试用者，仅支付试用期间工资，不再另行支付任何费用，也不开具任何证明。试用期满不予续聘者，按规定予以辞退。试用合格

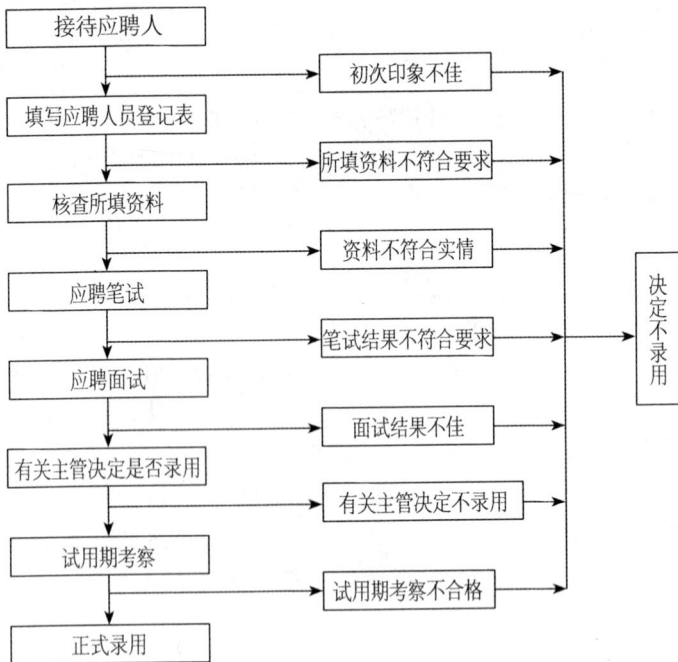

**图2-1　门店人员甄选流程**

表2-3　　　　　　　　门店人员甄选步骤

| 项目 | 要点说明 |
|------|----------|
| 初步筛选 | 1.分为简历初选和初步接见两个阶段<br>2.简历初选由负责招聘的人根据应聘简历进行初步淘汰<br>3.凭借对应聘者的初步印象，对不合格者进行淘汰 |

　　　　　　　门店运营管理实训

| 项目 | 要点说明 |
|---|---|
| 面试 | 1.分为初试阶段和深入阶段<br>2.初试阶段主要关注基本问题，如工作经验、家庭背景、所受奖励或处分、健康状况等<br>3.深入阶段主要关注工作动机、性质和行为等 |
| 测验 | 1.推销实习法：为应聘者提供相关资料，要求应聘者演示如何向顾客推销，由主持人作出判断<br>2.挫折处理法：面试官通过各种方式，如批评、阻挠或表示应聘者已经落选，观察应聘者反应<br>3.实地试验法：让应聘者与营业员一起工作，观察其实际工作能力，判断应聘者满足顾客需求的能力，以及对工作的兴趣、态度等 |

者，予以正式任用，并确定职务和职称。成绩优异者，由管理者考核后酌情增加工资。

○ **实训操作步骤**

店长人员招聘技能训练步骤如图2-2所示。

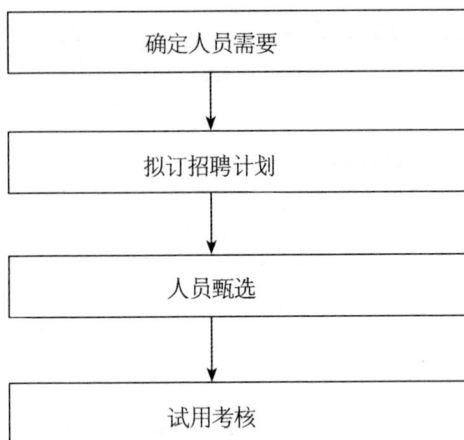

```
┌─────────────────────────────┐
│         确定人员需要         │
└─────────────────────────────┘
              │
              ▼
┌─────────────────────────────┐
│         拟订招聘计划         │
└─────────────────────────────┘
              │
              ▼
┌─────────────────────────────┐
│           人员甄选           │
└─────────────────────────────┘
              │
              ▼
┌─────────────────────────────┐
│           试用考核           │
└─────────────────────────────┘
```

**图2-2  店长人员招聘技能训练步骤**

## 步骤一：确定人员需要

### 一、了解门店人员需要

1.门店基本情况＿＿＿＿＿＿＿＿＿＿＿＿＿＿＿＿＿＿＿＿＿＿＿

＿＿＿＿＿＿＿＿＿＿＿＿＿＿＿＿＿＿＿＿＿＿＿＿＿＿＿＿＿＿＿

＿＿＿＿＿＿＿＿＿＿＿＿＿＿＿＿＿＿＿＿＿＿＿＿＿＿＿＿＿＿＿

2.门店经营状况＿＿＿＿＿＿＿＿＿＿＿＿＿＿＿＿＿＿＿＿＿＿＿

＿＿＿＿＿＿＿＿＿＿＿＿＿＿＿＿＿＿＿＿＿＿＿＿＿＿＿＿＿＿＿

＿＿＿＿＿＿＿＿＿＿＿＿＿＿＿＿＿＿＿＿＿＿＿＿＿＿＿＿＿＿＿

3.门店人员状况＿＿＿＿＿＿＿＿＿＿＿＿＿＿＿＿＿＿＿＿＿＿＿

＿＿＿＿＿＿＿＿＿＿＿＿＿＿＿＿＿＿＿＿＿＿＿＿＿＿＿＿＿＿＿

＿＿＿＿＿＿＿＿＿＿＿＿＿＿＿＿＿＿＿＿＿＿＿＿＿＿＿＿＿＿＿

## 二、确定招聘计划

1.了解管理层意图_____

_____

_____

2.访问人事行业专家_____

_____

_____

3.收集并分析资料_____

_____

_____

4.确定招聘职位_____

_____

_____

5.确定任职资格_____

_____

_____

6.确定招聘人数_____

_____

_____

## 步骤二：拟订招聘计划

### 一、做好准备工作

1.招聘前期工作准备_____

_____

_____

2.确定招聘渠道和方法＿＿＿＿＿＿＿＿＿＿＿＿＿＿＿＿＿＿＿＿＿＿＿

＿＿＿＿＿＿＿＿＿＿＿＿＿＿＿＿＿＿＿＿＿＿＿＿＿＿＿＿＿＿＿＿＿

＿＿＿＿＿＿＿＿＿＿＿＿＿＿＿＿＿＿＿＿＿＿＿＿＿＿＿＿＿＿＿＿＿

3.确定甄选方式＿＿＿＿＿＿＿＿＿＿＿＿＿＿＿＿＿＿＿＿＿＿＿＿＿＿＿

＿＿＿＿＿＿＿＿＿＿＿＿＿＿＿＿＿＿＿＿＿＿＿＿＿＿＿＿＿＿＿＿＿

＿＿＿＿＿＿＿＿＿＿＿＿＿＿＿＿＿＿＿＿＿＿＿＿＿＿＿＿＿＿＿＿＿

4.确定日程安排＿＿＿＿＿＿＿＿＿＿＿＿＿＿＿＿＿＿＿＿＿＿＿＿＿＿＿

＿＿＿＿＿＿＿＿＿＿＿＿＿＿＿＿＿＿＿＿＿＿＿＿＿＿＿＿＿＿＿＿＿

＿＿＿＿＿＿＿＿＿＿＿＿＿＿＿＿＿＿＿＿＿＿＿＿＿＿＿＿＿＿＿＿＿

## 二、制作招聘文书

1.设计招聘广告＿＿＿＿＿＿＿＿＿＿＿＿＿＿＿＿＿＿＿＿＿＿＿＿＿＿＿

＿＿＿＿＿＿＿＿＿＿＿＿＿＿＿＿＿＿＿＿＿＿＿＿＿＿＿＿＿＿＿＿＿

2.设计门店应聘人员登记表（见表2-4）

表2-4　　　　门店应聘人员登记表

| 应聘职位 | | 期望薪酬 | | 填表日期 | | | |
|---|---|---|---|---|---|---|---|
| 姓名 | | 性别 | | 年龄 | | 出生日期 | |
| 籍贯 | | 民族 | | 身高 | | 体重 | |
| 学历 | | 职称 | | 健康状况 | | 婚姻情况 | |
| 毕业院校 | | | | 所学专业 | | | |
| 第一外语 | | 级别 | | 第二外语 | | 级别 | |
| 联系方式 | | | | 身份证号 | | | |
| 兴趣爱好 | | | | | | | |

| 上岗时间 | | | | |
|---|---|---|---|---|
| 其他要求 | | | | |
| 应聘途径 | □本公司员工介绍，介绍人：<br>□网络　　　□报纸<br>□其他，请说明 | | | |
| 所受教育 | 起止时间 | 学校名称 | 专业 | 学历 |
| | | | | |
| | | | | |
| | | | | |
| | | | | |
| 工作经验 | 起止时间 | 公司名称 | 所担任职务 | 相关证明人 |
| | | | | |
| | | | | |
| | | | | |
| | | | | |
| 参加培训 | 起止时间 | 培训机构 | 培训内容 | 所获得的相关证书 |
| | | | | |
| | | | | |
| | | | | |

| | |
|---|---|
| 所受过的奖励及处分 | |
| 个人特长及自我评价 | |

## 步骤三：人员甄选

### 一、初步甄选
1.简历初选_____

_____

_____

2.初步接见_____

_____

_____

### 二、设计应聘人员面试记录表
1.设计初试流程_____

_____

_____

## 2.设计门店应聘人员面试记录表（见表2-5）

表2-5　　　　　　门店应聘人员面试记录表

| 应聘者姓名 | | 性别 | | 年龄 | | | |
|---|---|---|---|---|---|---|---|
| 毕业院校 | | 专业 | | 学历 | | | |
| 应聘职位 | | 应聘时间 | | | | | |
| 评价等级<br>面试项目 | | 优 | 良 | 好 | 一般 | 差 | 备注 |
| 1.仪容仪表 | | | | | | | |
| 2.语言表达与口才 | | | | | | | |
| 3.专业知识和技能的掌握 | | | | | | | |
| 4.相关专业知识的了解 | | | | | | | |
| 5.外语能力 | | | | | | | |
| 6.灵活应变能力 | | | | | | | |
| 7.责任心 | | | | | | | |
| 8.个人品质 | | | | | | | |
| 9.环境的适应性 | | | | | | | |
| 10.发展潜力 | | | | | | | |
| 综合评定 | | | | | | | |
| 录用意见 | □ 予以录用　□ 有待进一步考核　□不予考虑 | | | | | | |

## 三、选择设计测验方法

1.了解各种测验方法的优缺点＿＿＿＿＿＿＿＿＿＿＿＿＿＿＿＿

＿＿＿＿＿＿＿＿＿＿＿＿＿＿＿＿＿＿＿＿＿＿＿＿＿＿＿＿＿＿＿

＿＿＿＿＿＿＿＿＿＿＿＿＿＿＿＿＿＿＿＿＿＿＿＿＿＿＿＿＿＿＿

2.选择合适的测验方法＿＿＿＿＿＿＿＿＿＿＿＿＿＿＿＿＿＿＿＿

＿＿＿＿＿＿＿＿＿＿＿＿＿＿＿＿＿＿＿＿＿＿＿＿＿＿＿＿＿＿＿

＿＿＿＿＿＿＿＿＿＿＿＿＿＿＿＿＿＿＿＿＿＿＿＿＿＿＿＿＿＿＿

## 步骤四：试用考核

### 一、设计试用期考核过程

1.设计门店新员工报到程序表（见表2-6）

表2-6　　　　　门店新员工报到程序表

| 姓名 | | 性别 | | 报到日期 | | 年　月　日 | |
|---|---|---|---|---|---|---|---|
| 年龄 | | 单位 | | 辅导员 | | | |

报到程序

| 步骤 | 单位 | 办理事项 | 处理状况 | 承办人 | 签章 |
|---|---|---|---|---|---|
| 1 | 人事部 | 1.领取资料袋<br>2.人事资料卡<br>3.养老保险转移单<br>4.身份证明文件<br>5.学历、经历证明<br>6.健康证明<br>7.履历表及免冠近照<br>8.出勤卡、请假条填写及说明<br>9.保证人、福利事项说明<br>10.新员工任务项目及时间通知单 | | | |

| 步骤 | 单位 | 办理事项 | 处理状况 | 承办人 | 签章 |
|------|------|---------|---------|--------|------|
| 2 | 所属部门 | 1.向部门主管报到<br>2.领取岗位职务说明书<br>3.工作说明及面谈<br>4.环境及同事介绍 | | | |
| 3 | 总务部 | 1.领取《员工手册》<br>2.领取办公用品<br>3.办理团体意外险<br>4.领取工作服 | | | |

2.设计门店新员工试用期满报告表（见表2-7）

表2-7　　　　门店新员工试用期满报告表

| 姓名 | 性别 | 出生日期 | 到职日期 | 学历 | 原部门及职称 | 现部门及职称 | 生效日期 | 历次升迁纪录 |
|------|------|---------|---------|------|------------|------------|---------|------------|
| | | | | | | | | |
| 主管考评 | 工作目标及考核 | | 学识、能力、品行考核 | | | | 检讨及心得报告 | |
| | | | | | | | | |
| 部门主管 | | | 门店主管 | | | | 人力资源部 | |
| 店长核实 | | | 行政拟办 | | | | | |
| 说明 | （1）新员工试用期已满或有升职试任资格，均以本表呈报人力资源部<br>（2）升职试用人员应随表提交试用期间心得报告 | | | | | | | |

## 二、试用期考核

1.制定考核标准＿＿＿＿＿＿＿＿＿＿＿＿＿＿＿＿＿＿＿
＿＿＿＿＿＿＿＿＿＿＿＿＿＿＿＿＿＿＿＿＿＿＿＿＿＿＿
＿＿＿＿＿＿＿＿＿＿＿＿＿＿＿＿＿＿＿＿＿＿＿＿＿＿＿

2.制定停止试用情况说明＿＿＿＿＿＿＿＿＿＿＿＿＿＿＿
＿＿＿＿＿＿＿＿＿＿＿＿＿＿＿＿＿＿＿＿＿＿＿＿＿＿＿
＿＿＿＿＿＿＿＿＿＿＿＿＿＿＿＿＿＿＿＿＿＿＿＿＿＿＿

3.制定正式任用条件＿＿＿＿＿＿＿＿＿＿＿＿＿＿＿＿＿
＿＿＿＿＿＿＿＿＿＿＿＿＿＿＿＿＿＿＿＿＿＿＿＿＿＿＿
＿＿＿＿＿＿＿＿＿＿＿＿＿＿＿＿＿＿＿＿＿＿＿＿＿＿＿

## ◉ 案例分析讨论

### 案例一

H公司是一家比较典型的中小型外商独资企业，它是美国 NASDAQ 上市公司，主要经营国外电子、电力、环保、自动化等方面的电子仪器仪表代理业务。至今已有30多年的历史，也是较早一批进入中国内地的外资企业。如今已发展为以代理经营为主，以生产、开发、配套工程以及连锁销售为辅的多种经营型企业，并在国内设有10多家分支机构。

H公司现有员工200人，职位设为三类，即行政管理类、销售类及售后服务类。行政管理类职位较少，只占员工总数的10%，且相对稳定；售后服务类职位主要是售后服务工程师，占员工总数的15%；其余均为销售类，销售类职位则由销售经理和销售工程师构成。

公司管理方式采用扁平式，即总公司下设各办事处或直营店等分支机构，各分支机构由行政管理部、销售部及售后服务部三个部门组成。销售部由各产品部门组成，如环保仪器部、测试仪器部、工程部、通用仪表部、过程仪器部等，各部门均由总公司的相应部门遥控指挥。

随着经济的发展和竞争的加剧，该公司的经营状况逐渐滑坡，人员流动性大、工作不稳定等管理上的问题也逐渐暴露出来。

目前，H公司的招聘工作的流程为：

第一步，公开招聘。当出现职位空缺时，行政管理人员把招聘需求提交给总公司行政管理部门，总公司的行政管理人员与该职位所在的业务部门沟通、确认，如果需要招聘新人，则由该部门提出招聘要求，并提交招聘条件。行政管理部门接到业务部门的招聘条件后，可能做文字上的修改，然后下发给相应的分支机构。分支机构的行政管理人员按此招聘条件选定招聘方式，参加招聘会或者借助其他媒介发布招聘广告。由于业务经理并非人力资源专业人士，他们提供的招聘条件较为简单，只包含学历、专业、工作经历等基本内容。

第二步，等待反馈。一般情况下，招聘广告发出后都会收到应聘简历，但不同的职位、不同的时间及招聘方式等都会影响收到的简历数量。例如，销售工程师就比售后服务工程师应聘者多；销售工程师中不同的产品部门收到的简历数量也不同，如测试仪器部比环保仪器部收到的简历数量多。不同时间实施招聘所获得的简历数量也有所不同。如果在整个人才市场供应较充足的时期如每年高校学生毕业前夕，所收到的简历就会比平时多；如果在春节前夕发布招聘信息，收到的简历数量就会较少。

收到应聘简历后，由分支机构的行政管理人员进行简历的初步筛选，挑选符合条件的求职简历，然后将这些简历发送给香港总公司的行政管理部门。总公司的行政管理部门收到简历后转交给相应的业务部门经理。

第三步，确定面试名单。业务经理对候选人简历情况作出了解反馈后，交给总公司行政管理部门一份面试名单，并确定可进行面试的具体时间。总公司再将名单交给分支机构，分支机构的行政人员再按照业务经理安排的时间和人员名单开始通知面试。

由于业务部门经理要对该部门所属的所有分支机构负责，所以很多时间他们都在各地区间往返，很难及时处理案头工作，这样等业务经理处理完应聘简历时，已经过去很长时间，一些候选人失去耐心或者认为自己已经被淘汰，转而接受了其他单位的"橄榄枝"。

第四步，面试。主考官往往由业务经理担任。由于业务经理时间紧张，每个应聘者通常只安排30~40分钟的面试时间。面试地点在分支机构的办公室内。由于时间紧张，准备常常不够充分，很多时候都会出现这样的场景：一位应聘者如约而至时，前一位应聘者面试还未结束；或是当应聘者已经坐在了主考官对面时，主考官的电话突然响起，考官抱歉地说了声"不好意思"，然后接起电话，被试者只好耐心等待；或者应聘者碰巧按时入座，也无其他干扰，主考官问了一下面试者的名字，然后从一摞简历中找到该人的简历，先是让其自我介绍，然后趁这段时间赶紧浏览简历，再针对一些问题进行提问。

第五步，作出录取决定。经过前面的面试之后，业务经理对面试结果有了一个大概的印象，如果有合适人选，则会马上安排复试，复试时会针对一些初试中没时间了解或了解不够的问题进一步询问，也会针对一些主考官认为非常重要或他感兴趣的问题作进一步了解，薪酬和待遇问题也要与候选人明确沟通。

最后，经过复试，如果主考官认为已经找到了合适人选，则会通知总公司行政部，再由行政部下达聘用通知，招聘工作就算结束了。如果没找到合适人选，则需重复前面的四步工作，直到找到业务经理认为满意的人员为止。

讨论：

1.该公司在人员招聘工作中有哪些不合理的地方？

2.请运用相关专业知识给出合理化建议。

**案例二**

NLC化学有限公司是一家跨国企业，主要以研制、生产、销售医药、农药为主，耐顿公司是NLC化学有限公司在中国的子公司，主要生产、销售医疗药品。随着生产业务的扩大，为了对生产部门的人力资源进行更为有效的管理开发，2000年初，分公司总经理把生产部门的经理于欣和人力资源部门经理建华叫到办公室，商量在生产部门设立一个处理人事事务的职位，工作主要是生产部与人力资源部的协调工作。最后，总经理说希望通过外部招聘的方式寻找人才。

在走出总经理的办公室后，人力资源部经理建华开始安排一系列工作，在招聘渠道的选择上，人力资源部经理建华设计了两个方案：一个方案为在本行业专业媒体中招聘专业人员，费用为3 500元，好处是对口的人才比例会高些，招聘成本低；不利条件是企业宣传力度小。另一个方案为在大众媒体上招聘，费用为8 500元，好处是企业影响力度很大；不利条件是非专业人才的比例很高，前期筛选工作量大，招聘成本高。初步选用第一种方案。总经理看过招聘计划后，认为公司在大陆地区处于初期发展阶段，不应放过任何一个宣传企业的机会，于是选择了第二种方案。

其招聘广告刊登的内容如下：

您的就业机会在NLC化学有限公司下属的耐顿公司

1个职位：发展迅速的新行业的生产部人力资源主管

主管生产部和人力资源部两部门协调性工作

抓住机会！充满信心！

请把简历寄到耐顿公司人力资源部。

在一周内的时间里，人力资源部收到了800多封简历。建华和人力资源部的人员在800份简历中筛出70封有效简历，经筛选后，留下5人。于是他来到生产部门经理于欣的办公室，将此5人的简历交给了于欣，并让于欣直接约见面试。部门经理于欣经过筛选后认为可从两人中选择：李楚和王智勇。他们将所了解的两人资料对比如下：

李楚，男，企业管理学士学位，32岁，有8年一般人事管理及生产经验，在此之前的两份工作中均有良好的表现，可录用

王智勇，男，企业管理学士学位，32岁，7年人事管理和生产经验，以前曾在两个单位工作过，第一位主管评价很好，没有第二位主管的评价资料，可录用

从以上的资料可以看出，李楚和王智勇的情况基本相当。但值得注意的是：王智勇在招聘过程中，没有上一个公司主管的评价。公司通知两人，一周后等待通知，在此期间，李楚在静待佳音；而王智勇打过几次电话给人力资源部经理建华，第一次表示感谢，第二次表示非常想得到这份工作。

生产部门经理于欣在反复考虑后，来到人力资源部经理室，与建华商谈何人可录用，建华说："两位候选人看来似乎都不错，你认为哪一位更合适呢？"于欣："两位候选人的资格审查都合格了，唯一存在的问题是王智勇的第二家公司主管给的资料太少，但是虽然如此，我也看不出他有何不好的背景，你的意见呢？"

建华说："很好，于经理，显然你我对王智勇的面谈表现都有很好的印象，人嘛，有点圆滑，但我想我

会很容易与他共事，相信在以后的工作中不会出现大的问题。"

于欣："既然他将与你共事，当然由你作出最后的决定。"于是，最后决定录用王智勇。

王智勇来到公司工作了六个月，在工作期间，经观察：发现王智勇的工作不如期望得好，指定的工作他经常不能按时完成，有时甚至表现出不胜任其工作的行为，所以引起了管理层的抱怨，显然他对此职位不适合，必须加以处理。

然而，王智勇也很委屈：在来公司工作了一段时间后，发现招聘所描述的公司环境和各方面情况与实际情况并不一样。原来谈好的薪酬待遇在进入公司后又有所减少。工作的性质和面试时所描述的也有所不同，也没有正规的工作说明书作为岗位工作的基础依据。

讨论：

1.通过资料分析，你认为到底是谁的问题呢？

2.该如何改进呢？

◎ **实训效果评价**

店长人员招聘技能训练评价表，见表2-8。

表2-8 　　　　**店长人员招聘技能训练评价表**

| 实训任务 | 考核要素 | 评价标准 | 分值（分） | 评分（分） | | |
|---|---|---|---|---|---|---|
| | | | | 自评（10%） | 互评（30%） | 教师评（60%） |
| 拟订招聘计划 | 调研能力、资料分析能力、团队合作能力 | 能根据门店需要确定招聘的职位、各个职位任职资格及招聘人数，并能通过适当的渠道和方式制定并发布招聘文件 | 30 | | | |
| 人员甄选 | 理论知识运用能力、模拟演练能力、团队合作能力 | 根据确定需要人员的要求制定初步筛选标准；通过面试甄选应聘者；拟定测验环节以甄选应聘者，确定聘用人选 | 45 | | | |
| 试用考核 | 资料分析能力、团队合作能力 | 拟定试用期间各部门考核标准（人事部、所属部门、总务部、部门主管），出具人员评估报告 | 25 | | | |
| 合计 | | | | | | |

实训项目二　门店员工管理实训　　　　59

评语

---

## 实训任务二　店长人员管理技能训练

### ◯ 实训任务分解

1.进行企业调查、了解其用人制度。

2.针对企业现状帮助其规划组织培训。

3.帮助企业制定合理绩效目标，实施绩效考核。

4.完成小组实训报告。

### ◯ 能力目标要求

1.掌握连锁门店员工用人原则及制度。

2.能根据岗位要求拟订培训规划并组织培训。

3.能了解员工需求，做好员工激励，让员工快乐地工作。

4.能制定合理绩效考核目标，实施绩效考核。

## ◎ 实训情景设计

人才是门店最重要的资产，是战胜竞争对手的核心竞争力。如何用人、留人将关系到门店的成败，是店长必须重视的问题。

钟瑾店长所在的门店日前招聘生鲜经理，经过层层面试的选拔，最终决定提拔原生鲜部蔬果科长陈万里担任生鲜经理，全面负责生鲜科日常管理工作。钟瑾深知要把适当的人安排在适当的位置才是用人之道，将蔬果科长提拔为生鲜经理一事，也给门店中有着职业规划愿景的职工精神上以激励，无形中提高员工的归属感和忠诚度。当然，钟店长也在反思上一任生鲜部门经理离职的原因，希望在激励制度、绩效考核、升迁制度上更加完善。同时，生鲜部门经理与其他部门不同，对岗位技术的要求尤为重要，包括蔬菜保鲜、水产保险、肉类屠宰、面包制作等，都需要经过一系列的岗位技能培训。且陈万里由原来管理不到10人的科长升职到管理50余人的部门经理，也需要接受一系列的管理课程培训，以提高工作、管理水平。

请问：店长应该如何用好人、留住人？

## ◎ 实训要点指导

### 一、门店用人原则及制度

一般而言，员工可以分为四类：用心工作且有能力；用心工作但没能力；不用心工作但有能力；不用心工作且没能力。对于这四种类型的员工，店长在实际工作中应采取不同措施，具体见表2-9。

表2-9　　　门店针对不同类型员工的用人措施

| 员工类型 | 用人措施 |
| --- | --- |
| 用心工作且有能力 | 大胆使用（完善绩效考核制度） |
| 用心工作但没能力 | 多加指导（多提供培训机会） |
| 不用心工作但有能力 | 培养敬业精神和忠诚度（完善升迁制度，提供各种激励措施） |
| 不用心工作且没能力 | 果断淘汰 |

无论哪种类型员工，都需要店长将其放在适当的地方才能发挥所长。店长用人的关键，就是分清员工个体差异，把适当的员工安排在适当的岗位。门店用人原则和制度见表2-10。

表2-10　　　门店用人原则和制度

| 项目 | 要点 | 说明 |
| --- | --- | --- |
| 用人原则 | 德才兼备 | 对德才兼备的员工，要委以重任 |
| | 能力比学历重要 | 与学历相比，个人工作态度及实际工作能力更重要 |
| | 合适才好 | 1.用勤劳能吃苦的员工<br>2.用初入社会、诚恳的年轻人<br>3.用愿意从基层干起的人 |

| 项目 | 要点 | 说明 |
|------|------|------|
| 用人制度 | 岗位安排 | 1.以老带新：老员工指导新人掌握销售技巧<br>2.岗位轮换：员工体验不同岗位，既保持工作热情，又能让每个岗位找到合适的人才 |
| | 培训机制 | 规划和组织培训，让员工掌握岗位技能，提高能力 |
| | 激励机制 | 奖优罚劣，物质与精神激励并重 |
| | 绩效考核 | 多劳多得，调动员工的积极性与主动性，提高工作效率 |
| | 升迁制度 | 1.能者居上：业绩突出就能获得提拔，不论资排辈<br>2.内部提拔：内部员工更了解门店经营机制和门店商品，内部提拔有助于提高员工的归属感和忠诚度 |

## 二、员工培训

如何对员工进行培训和教育，提升员工能力，促进门店发展，是店长要面对的重要课题。员工的日常工作是典型的经验性工作，需要专业的知识和熟练的技能，只有结合实际操作和培训，才能培养出满足门店需要的实用型人才。开展门店培训工作要做好门店培训规划（见表2-11），明确培训流程（见图2-3），并由员工填写申请表（见表2-12）。

表2-11　　　　　　门店培训规划

| 项目 | 要点说明 |
|---|---|
| 设计并建立培训机构 | 1.设置培训部人员，负责培训工作整体规划和人力资源管理，对课程内容进行研究和开发<br>2.设置培训部负责人，负责管理内部培训团队 |
| 建立培训讲师体系 | 1.确定讲师队伍来源：外聘或建立内部讲师制度<br>2.构建讲师队伍：设立高级讲师、讲师及助理讲师，明确分工 |
| 建立培训课程体系 | 1.新员工入职培训：了解公司文化、制度及各岗位工作技能<br>2.信息技术培训：为技师和工程师提供各种信息软件、设备使用和操作培训<br>3.市场营销培训：对销售人员进行培训，包括商品采购、卖场陈列、销售技巧、促销策划、渠道管理等营销知识与技巧<br>4.企业管理培训：对管理层进行管理技能培训，包括领导才能、人际关系、组织协调、经营决策、团队建设等 |

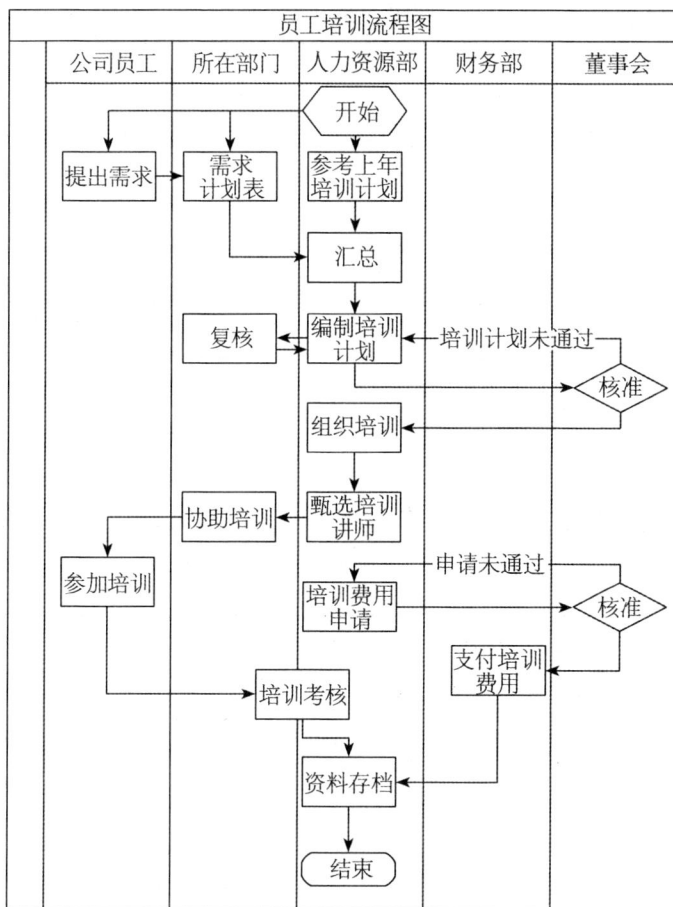

| 员工培训流程图 | | | | |
|---|---|---|---|---|
| 公司员工 | 所在部门 | 人力资源部 | 财务部 | 董事会 |

流程图内容：

开始 → 参考上年培训计划 → 汇总 → 编制培训计划 → 核准（董事会）

提出需求 → 需求计划表 → 汇总

复核（所在部门）← 编制培训计划 ← 培训计划未通过（董事会）

编制培训计划 → 核准（董事会）→ 组织培训

组织培训 → 甄选培训讲师 → 协助培训（所在部门）

参加培训（公司员工）

培训费用申请 → 核准（董事会）→ 申请未通过

核准 → 支付培训费用（财务部）

培训考核 → 资料存档 ← 支付培训费用 → 结束

图2-3　门店员工培训管理流程图

表 2-12　　　　　　　**门店员工培训申请表**

| 申请人姓名 | | 所在岗位 | | 所属部门 | |
|---|---|---|---|---|---|
| 直接上级 | | 入职时间 | | | |
| 培训目的 | | | | | |
| 培训费用预算 | | | | | |
| 其他培训事项说明 | | | | | |
| 培训内容 | | 期望培训方式 | | 期望培训时间 | |
| | | | | | |
| | | | | | |
| | | | | | |
| 部门主管审核 | | | 签字： | 日期： | |
| 人力资源部审核 | | | 签字： | 日期： | |

### 三、员工激励

店长想要有效管理员工，调动员工积极性，就必须懂得如何激励员工。应了解员工的真实需求，做到有效激励，让员工愉快地工作。

1.充分了解店员的需求

心理学家马斯洛的需求层次理论将需求分为生理需求、安全需求、社交需求、尊重需求和自我实现需求五个层次。店长只有了解了店员的真实需求，才能采取有针对性的激励措施，调动店员的积极性。表 2-13 介绍了不同需求层次员工的关注重点。

表 2-13 　　　　　　　不同需求层次员工的关注重点

| 需求层次 | 要点说明 | 员工关注的重点 |
|---|---|---|
| 生理需求 | 此为生存基本需求，包括衣食住行等方面，只有最基本需求得到满足，其他需求才会成为新的激励因素 | 工资、提成、奖金等物质报酬 |
| 安全需求 | 保证自身安全，如劳动安全、职业安全、生活稳定、免于灾祸等方面的需求 | 稳定的工作与报酬，以及相关的保险福利 |
| 社交需求 | 一是爱的需求，二是归属的需求 | 上级的表扬、团队成员的认可 |
| 尊重需求 | 希望拥有稳定的社会地位，个人的能力和成就得到社会的认可 | 受赞誉、参与管理、职位升迁等 |
| 自我实现需求 | 实现个人理想和抱负，最大限度发挥个人潜力，完成自己能力所及的工作，为崇高理想奋斗 | 富有挑战性的工作。工作轮换、工作丰富化等 |

（2）有效激励员工的方式

在日常管理中，店长应该考虑到个体的差异，采取不同的激励方式（见表 2-14），有针对性地进行激励。如年轻员工比较重视自主权及创新的工作环境，年龄较大的员工则比较重视工作的稳定性；女员工偏重工作报酬，而男员工更看重企业和自身的发展。

表 2-14　　　　　　　　　　**激励员工的方式**

| 项目 | | 要点说明 |
|---|---|---|
| 激励的方式 | 制定远景 | 让员工了解公司的总体目标、工作计划和自己通过努力可获得的结果 |
| | 授予权力 | 让员工觉得自己独挑大梁，肩负重大责任 |
| | 给予赞美 | 公开赞美 |
| | 倾听诉苦 | 协助员工解决困难，提供所需的信息和情绪上的支持 |
| | 奖励成绩 | 提升工作效率和士气，同时树立员工信心 |
| | 提供培训 | 支持员工参与各种培训，提高能力 |
| 实施激励的方法 | 明文规定的物质奖励 | 事先设定好目标，但员工实现目标时，给予奖金、礼物等物质奖励 |
| | 灵活掌握的物质奖励 | 根据员工的表现给予额外的物质奖励 |
| | 给予正面的反馈 | 通过不同途径让员工了解其工作表现 |
| | 公开表彰员工 | 如升迁、授予荣誉等 |
| | 私下表扬员工 | 如请吃饭、提供额外休假等 |

| 项目 | | 要点说明 |
|---|---|---|
| 实施激励的方法 | 精神奖励 | 1.上级领导慰问成绩突出的店员<br>2.以优秀员工名字命名的奖励计划<br>3.对员工提出的建议给予适当肯定<br>4.大会上公开表扬优秀员工<br>5.佩戴"优秀员工"等胸牌<br>6.在宣传栏张贴优秀员工照片<br>7.在宣传栏张贴顾客表扬信 |
| | 其他方法 | 1.了解个体差异,保证个人能力与职位匹配<br>2.确保员工个人目标的实现<br>3.提供具有竞争力的薪资待遇<br>4.保证待遇的公平性,适当鼓励竞争<br>5.薪酬与业绩挂钩<br>6.设计合理的业绩提成制度<br>7.避免平均分配奖金 |

3.让员工愉快地工作

零售行业工作繁重且压力大,员工容易产生倦怠厌恶感。店长要想方设法为员工创造愉快的工作环境,以便员工为顾客提供卓越服务。表2-15介绍了几种让员工愉快工作的技巧。

**四、绩效考核**

通过绩效考核,店长可以判断员工的表现是否称职,是否达到预定目标,是否可以胜任更高层的工作,是否需

表2-15 　　　　　　　　　　让员工愉快工作的技巧

| 技巧 | | 要点说明 |
|---|---|---|
| 让员工理解工作的意义 | | 1.工作能实现自己的价值，体验百味人生<br>2.工作最大的动力不是薪酬，而是员工因为喜欢工作而产生的自发性和主动性 |
| 变领导为引导 | | 1.领导带有命令性和强迫性，过分强调领导会让员工失去工作的主动性<br>2.引导没有强迫性，变领导为引导有激励效果 |
| 让单调工作变得有趣 | 改变工作内容 | 轮岗，如理货和销售岗位的轮换 |
| | 改善卖场氛围 | 可改变货柜位置或布局，改善卖场氛围 |
| | 提供短暂休息时间 | 可提供员工喝茶、看报等休息时间 |
| | 改变对工作的看法 | 引导员工去了解公司的状况和同行的情况，如试图了解商品的用途、特征及竞争店的销售状况等 |
| 指导员工由"厌业"转为"乐业" | 研究工作的变化 | 可研究不同的顾客类型及应对措施 |
| | 分析工作 | 通过分析工作，改善工作成效，如分析操作流程是否合理，有无可改善之处等 |
| | 培养积极乐观心态 | 遇到问题，往好的方面想，保持积极的心态 |
| 让员工快乐工作的秘诀 | 营造和谐工作氛围 | 真诚对待别人 |
| | 把工作当成事业 | 每天对自己说：我大有作为 |
| | 不要总拿自己跟别人比 | 坚信自己是最好的 |
| | 练习微笑 | 脸上洋溢微笑时，心里也充满笑意 |
| | 放松自己 | 想着让自己愉快的事情 |

70

| 技巧 | | 要点说明 |
|---|---|---|
| 快乐享受<br>每一天 | 利用午餐时间 | 利用午餐时间离开办公桌，放松心情，缓解工作疲劳 |
| | 顾客都是朋友 | 把顾客当作朋友，热情接待，缓解工作疲劳，虚心接受各种建议和意见 |
| | 工作分轻重缓急 | 先做重要的事情，再做次要或不着急的工作，以提高工作效率 |
| | 美化工作环境 | 明亮整洁的店面不仅让顾客流连忘返，而且能让店员更愉快地工作 |

要培训和辅导等，同时确保店员的工作绩效和门店目标保持一致，作出职务升级和奖励的决定。

（1）制定合理的绩效目标

制定明确的目标和绩效标准时实施绩效考核的第一步。绩效目标不要太容易或太难实现，以员工通过努力可以实现为宜。表2-16介绍了门店制定绩效目标的标准和依据。

（2）绩效考核的实施

店长在实施绩效考核过程中，要全面跟踪和监督，让员工充分沟通，并为员工提供指导和帮助。在执行过程中，根据具体情况适当调整目标的难度，也可适当增减目标或改变目标权重，图2-4介绍了绩效考核的基本流程，与绩效考核相关的因素见表2-17。

表 2-16  门店制定绩效目标的标准和依据

| 项目 | | 要点说明 |
|---|---|---|
| 制定绩效目标的标准 | 具体 | 目标明确 |
| | 可衡量 | 可用数字或事实标示,如个人月销售额3万元,或上午10点完成新品上架工作等 |
| | 可实现 | 具有一定挑战性,且通过部门或个人努力能实现 |
| | 结果导向性 | 一切努力均为一个结果 |
| | 有时间限定 | 设定时间,如以月、季度、年度为限 |
| 制定绩效目标的依据 | | 1.从总目标分解到部门目标,再分解到个人目标<br>2.个人工作岗位说明书<br>3.未完成目标<br>4.跨部门项目<br>5.个人发展愿景 |
| 制定绩效目标时要明确的问题 | | 1.员工该做什么<br>2.工作应该做到什么程度<br>3.为什么要做这些工作<br>4.什么时候完成这些工作<br>5.完成这些工作,需要获得哪些支持、掌握哪些技能、接受怎样的培训<br>6.可以为员工提供哪些支持和帮助?为员工扫清哪些障碍 |

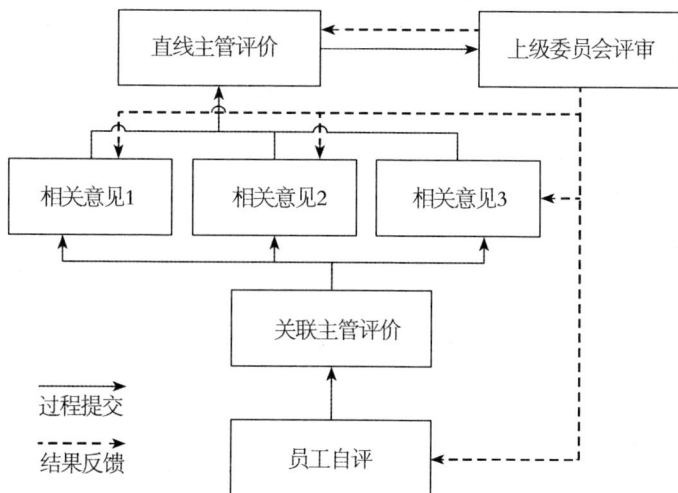

**图2-4 门店绩效考核的基本流程**

表2-17 门店绩效考核的原则、内容、流程和方法

| 项目 | | 要点说明 |
|---|---|---|
| 绩效考核的原则 | 与利益挂钩 | 1.工资奖金挂钩<br>2.工资有保底，奖金不封顶<br>3.工资奖金与顾客满意评估等结合 |
| | 明确化、公开化 | 明确考核的标准、程序和责任，并向全体员工公布，在考核过程中必须严格遵守规则 |
| | 尊重客观现实 | 考核遵守相关规定，用事实说话，同时考核是与既定标准比较，而非人与人之间的比较 |
| | 单头考核 | 通常由直接上司负责，以便反映真实情况 |

| 项目 | | 要点说明 |
|---|---|---|
| 绩效考核的原则 | 及时反馈 | 及时反馈给被考核人,以便教育,且反馈时要向被考核人进行说明和解释,提供今后努力的方向 |
| | 体现差别 | 不同考核等级,在工资、晋升等方面有明显区别,以激发员工的上进心 |
| 绩效考核的态度 | 工作业绩 | 一是基本职责履行情况,二是考核期任务完成情况,两者一般占考核权重的80% |
| | 工作能力 | 包括工作技能、创新能力、学习能力、个人魅力等,占考核权重的10% |
| | 工作态度 | 包括工作满意度、工作投入度和组织忠诚度,一般占考核权重的10% |
| 绩效考核的流程 | 收集意见 | 店长安排人事部门观察员工行为表现,征求员工的直接上司和同事意见,力求考核客观、全面 |
| | 书面考核 | 1.员工填写自我鉴定表,进行自我考评<br>2.由直接主管填写员工考核鉴定表 |
| | 考核面谈 | 店长、人事部门、直接主管与员工面谈,告知考核结果及优缺点、今后努力方向,指导员工改进工作,征求对考核工作的意见,要求员工签字确认 |

| 项目 | | 要点说明 |
|---|---|---|
| 绩效考核的方法 | 要素评定法 | 将定性考核和定量考核结合，适用于全体员工；实施时，先确定考核项目，按优劣划分等级，然后对考核人员培训后进行考核，最后对考核资料分析和汇总 |
| | 360度考核法 | 即全方位考核法，对员工行为和品质进行全面考核，适合全体员工；实施时，首先听取各方意见，填写调查表，然后对员工进行全方位评价，在分析讨论的基础上商定下半年的绩效目标 |
| | 目标管理法 | 注重上下级之间的互动过程；首先由上级和下属共同制定目标，明确各自的责任和目标，然后以这些目标为标准，对单位和个人的贡献进行评估、奖励 |
| | 末位淘汰法 | 通过特定的考核方法对员工进行绩效考核，并对考核进行排序，对成绩最差的员工予以淘汰 |

（3）绩效考核结果

绩效考核结果关系到薪资调整、奖金发放、职务升降、辞退等员工切身利益，是人力资源部门对员工雇用、晋升、调薪、奖励、培训等决策的客观依据，也是重要的激励手段，具体见表2-18、表2-19。

表 2-18　　　门店绩效考核结果的应用

| 项目 | | 要点说明 |
|---|---|---|
| 绩效考核结果的应用 | 奖励 | 体现奖励制度的严肃性 |
| | 岗位调整 | "能者上、平者让、庸者下"的用人原则 |
| | 再培训 | 考核不合格的员工需接受再培训 |
| 绩效反馈 | | 1.描述员工的工作行为<br>2.解释对工作的影响<br>3.征求员工意见<br>4.改进未来工作 |
| 改进员工绩效 | | 1.指出员工存在问题及需要改进的地方<br>2.说明关注的原因<br>3.给员工提出改进意见<br>4.明确跟踪日期和行动计划 |
| 绩效面谈 | 员工准备 | 1.了解工作目标<br>2.检查目标完成情况<br>3.审视工作表现<br>4.给自己工作表现打分<br>5.哪方面表现好？为什么<br>6.哪些方面需要改进？行动计划是什么<br>7.为下阶段工作设定目标<br>8.需要哪些支持和资源 |
| | 主管准备 | 1.了解工作目标<br>2.检查目标完成情况<br>3.向同事、客户、供应商询问员工工作表现<br>4.给员工工作表现打分<br>5.收集翔实资料<br>6.整理员工收到的表扬信、感谢信、投诉等<br>7.为下阶段设定工作目标<br>8.提前通知员工做好准备 |

| 项目 | | 要点说明 |
|---|---|---|
| 绩效考核结果及效力 | 考核结果存档 | 1.填写员工年度考核表，考核结果存档，作为续聘、晋升、降职、解聘的依据<br>2.考试成绩优秀的员工，可推荐晋升，并按照规定给予奖励和表彰；考核良好的员工，可获续聘、晋升资格；考核合格的员工，视情况予以指导；考试不合格的员工，责令整改，视情况决定是否续聘；考核较差的员工，视情况解聘或调整工作 |
| | 考核结果效力 | 1.作为升职或降职的依据<br>2.与员工的奖金挂钩<br>3.与福利待遇挂钩<br>4.作为奖励和惩罚的依据<br>5.作为解聘的依据 |

表2-19　　　　**门店员工绩效改进表**

| 姓名 | | 所在岗位 | | 所属部门 | |
|---|---|---|---|---|---|
| 直接上级 | | 执行日期 | | 年 月 日— 　年 月 日 | |

一、改进的内容

| 待提高的方面 | 达到的目的 | 完成日期 | 直接上级提供的帮助 |
|---|---|---|---|
| | | | |
| | | | |

二、原因分析

三、绩效改进措施

四、绩效改进结果评价（改进阶段结束后由员工的直接上级填写）

## 五、应对人员流失

对门店而言，正常的人员流动如同献血，不但无害，反而可以增强机体造血功能。但人员流动数量过多、次数过频，就会像人体大量失血对生命造成危害那样，对企业生存形成威胁，解决员工流失问题，首先要分析员工离开的真正原因（见表2-20），与其面谈（面谈表见表2-21），然后对症下药，满足员工需求，从而留住人才。

表 2-20 　　　　门店人员流失的原因和应对措施

| 项目 | | 说明 |
|---|---|---|
| 人员流失 | 薪酬原因 | 薪酬过低是造成人员流失的重要原因 |
| | 发展原因 | 优秀的人才重视个人价值和发展机会,如果员工在公司得不到良好的发展空间,则可能选择离开 |
| | 培训原因 | 很多员工会希望公司提供良好的培训机制,可以使自己学到更多的专业知识和技能,为今后的发展打下基础 |
| | 人际关系原因 | 员工因难以适应领导及周边员工而离开公司 |
| | 缺乏公平竞争的环境 | 公司未制定合适的考核机制并未按照规定予以奖惩而导致员工离职 |
| | 没有发展空间 | 工作受限或没有学习、晋升空间而导致员工离职 |
| 应对措施 | 提供合理报酬 | 合理的薪酬可以稳定人心 |
| | 设置各种福利项目 | 完善的福利体系对留住员工很有帮助,可以提高员工对公司的忠诚度,还能节省个人所得税支出,提高公司社会声望 |
| | 有针对性地采取各种激励措施 | 合理的薪资能满足人们的低层次需求,对高层次人才,除了合理薪资外,还需提供培训和发展机会等 |

| 项目 | | 说明 |
|---|---|---|
| 应对措施 | 重视团队奖励 | 团队奖励能促进团队间的合作，增进员工上下级之间的沟通 |
| | 善待核心员工 | 20%的员工创造门店80%的财富，需要善待核心员工，留住人才 |
| | 绩效评估与职业发展紧密结合 | 工作态度、工作表现和工作绩效必须与个人薪酬待遇、职位晋升挂钩 |
| | 个性化工作环境 | 提供员工喜欢的个性化工作环境，以提高员工工作效率 |
| | 掌握离职面谈技巧 | 了解员工离职的真正原因，避免类似事件再次发生 |
| | 定期开展员工满意度调查 | 通过员工满意度调查，了解员工对门店的意见和建议、工作状态、工作情绪、生活问题等 |

表2-21 **员工离职面谈表**

姓　　名：_____ 年龄：_____ 学　　历：_____

工作部门：_____ 职位：_____ 直接主管：_____

到职日期：____年__月__日　　离职前薪资：_____

続表

1.离职的原因（请在下列选项前打"√"，可多选）
□另谋高就　□家庭状况　□自主创业　□健康状况　□继续进修
□收入待遇　□工作环境　□福利制度　□人际关系　□领导关系
□其他原因

说明：

2.离职者对个人抱负和职业发展前景有何想法

3.离职者对公司有哪些建设性建议

4.其他

人事主管：　　　　　部门主管：　　　　　店长：

◎ **实训操作步骤**

店长人员管理技能训练步骤如图2-5所示。

实训项目二　门店员工管理实训　　　　　81

进行企业调查，了解其人力资源管理制度

↓

针对企业现状帮助其规划人员培训

↓

帮助企业制定合理绩效目标，实施绩效考核

↓

完成小组实训报告

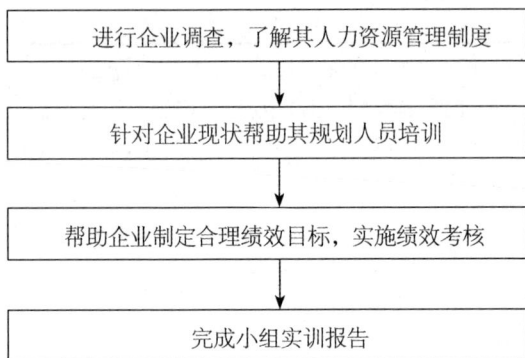

图2-5　店长人员管理技能训练步骤

## 步骤一：进行企业调查，了解其用人制度

### 一、了解公司人员概况

1.了解公司情况_____

_____

_____

2.调查员工信息_____

_____

_____

3.了解员工差异，划分类别_____

_____

_____

### 二、了解企业用人原则

1.品德要求_____

_____

2.能力要求_____

_____

_____

3.其他要求_____

_____

_____

### 三、了解企业用人制度

1.岗位安排_____

_____

_____

2.培训机制_____

_____

_____

3.激励机制_____

_____

_____

4.绩效考核_____

_____

_____

5.升迁制度_____

_____

_____

## 步骤二：针对企业现状帮助其规划组织培训

### 一、制订员工培训计划

1.设计并建立培训机构_____

_____

_____

2.建立培训讲师体系_____

_____

_____

3.建立培训课程体系_____

_____

_____

### 二、明确培训流程

1.设计员工培训流程_____

_____

_____

2.设计员工培训申请登记表_____

_____

_____

### 三、基于员工需求，制定激励策略

1.充分了解员工需求_____

_____

_____

2.制定有效激励员工的方式方法_____

_____

## 步骤三：帮助企业制定合理绩效目标，实施绩效考核

### 一、制定合理的绩效目标

1.制定绩效目标的标准_____

_____

_____

2.制定绩效目标的依据_____

_____

_____

### 二、绩效考核的实施

1.制定绩效考核原则_____

_____

_____

2.制定绩效考核的态度_____

_____

_____

3.制定绩效考核流程_____

_____

_____

4.制定绩效考核方法_____

_____

_____

### 三、绩效考核的结果

1.绩效考核结果的应用_____

_____

_____

2.绩效的反馈_____

_____

_____

3.改进员工绩效_____

_____

_____


## 步骤四：完成小组实训报告

### 一、实训报告

_____

_____

_____

### 二、汇报PPT

_____

_____

_____


## ◉ 案例分析讨论

### 案例一

钱兵是某名牌大学企业管理专业毕业的大学生，就职于宜昌某集团公司人力资源部。前不久，因总公司下属的某油漆厂出现工人集体抗议事件，钱兵被总公司委派下去调查了解情况，并协助油漆厂高厂长理顺管理工作。

到油漆厂上班的第一周，钱兵就深入"民间"，体察"民情"，了解"民怨"。一周后，他不仅清楚地了解到油漆厂的生产流程，同时也发现工厂的生产效率极其低下，工人们怨声载道。他们认为工作场所又脏又吵，条件极其恶劣，冬天的车间内气温只有零下8摄氏度，比外面还冷，而夏天最高气温可达40多摄氏度。而且他们的报酬也少得可怜。工人们曾不止一次向厂领导反映，要改善工作条件，提高工资待遇，但厂里一直未予以重视。

　　钱兵还了解了工人的年龄、学历等情况，工厂以男性职工为主，约占92%。年龄在25~35岁之间的占50%，25岁以下的占36%，35岁以上的占14%。工人们的文化程度普遍较低，初高中毕业的占32%，中专及其以上的仅占2%，其余的全是小学毕业。钱兵在调查中还发现，工人的流动率非常高，50%的工人仅在厂里工作1年或更短的时间，工作5年以上的不到20%，这对生产效率的提高和产品的质量非常不利。

　　于是，钱兵决定将连日来的调查结果与高厂长做沟通，他提出了自己的一些看法："高厂长，经过调查，我发现工人的某些起码的需要没有得到满足，我们厂要想把生产效率搞上去，要想提高产品的质量，首先得想办法解决工人们提出的一些最基本的需求。"可是高厂长却不这么认为，他恨铁不成钢地说："他们有什么需要？他们关心的就是能拿多少工资，得多少奖金，除此之外，他们什么也不关心，更别说想办法去提高自我。你也看到了，他们很懒，逃避责任，不好好工作，工作是好是坏他们一点也不在乎。"

　　但钱兵不认同高厂长对工人的这种评价。为进一步弄清情况，钱兵采取发放问题调查问卷的方式，确定工人们到底有什么样的需要，并查明哪些需要还未得到满足。他也希望通过调查结果来说服厂长，重新找到提高士气的方法。于是他设计了包括15个因素在内的问卷，每个因素都与工人的工作有关，具体有报酬、员工之间的关系、上下级之间的关系、工作环境条件、工作的安全性、工厂制度、监督体系、工作的挑战性、工作的成就感、个人发展的空间、工作得到认可情况、升职机会等。

　　调查结果表明，工人并不认为他们懒惰，也不在乎多做额外的工作，他们希望工作能丰富多样化一点，能让他们多动动脑筋，能有较合理的报酬。他们还希望工作多一点挑战性，能有机会发挥自身的潜能。此外，他们还表达了希望多一点与其他人交流感情的机会，他们希望能在友好的氛围中工作，也希望领导经常告诉他们怎样才能把工作做得更好。

　　基于此，钱兵认为，导致油漆厂生产效率低下和工人有不满情绪的主要原因是报酬太低，工作环境不到位，人与人之间关系的冷淡。

　　讨论：

　　1.高厂长对工人的看法属实吗？钱兵的问卷调查结果又说明了对人的何种假设？

　　2.根据钱兵的问卷调查结果，请你为该油漆厂出点主意，来满足工人们的需求。

**案例二**

一墙之隔的两家企业，甲企业由于经营不善，职工下岗回家；乙企业则因为其产品目前在市场上仍有一定的需求，所以职工并未都下岗，且每月都能按时领到工资，这时职工们表现出了空前的工作积极性，令厂长大惑不解："当初有奖金的时候也没这么积极，这是怎么了?!"。

讨论：

假如该厂长去请教激励理论的专家，你认为这位专家将如何帮助该厂长分析解释这一现象。

## ◉ 实训效果评价

店长人员管理技能训练评价表，见表2-22。

表2-22　　　店长人员管理技能训练评价表

| 实训任务 | 考核标准 | | | | | |
|---|---|---|---|---|---|---|
| | 考核要素 | 评价标准 | 分值（分） | 评分（分） | | |
| | | | | 自评（10%） | 互评（30%） | 教师评（60%） |
| 企业调查 | 调研能力、资料查找能力、团队合作能力 | 做企业调查时收集资料用的方法、手段具有科学性，实用性；信息收集具有完整性、代表性 | 25 | | | |

| 实训任务 | 考核标准 | | | | | |
|---|---|---|---|---|---|---|
| | 考核要素 | 评价标准 | 分值（分） | 评分（分） | | |
| | | | | 自评（10%） | 互评（30%） | 教师评（60%） |
| 拟订培训计划、激励措施及考核指标 | 实践能力、观察能力、写作能力 | 1.根据培训对象和培训内容拟订培训计划，计划有针对性、目的性，通过培训能提高员工的操作技能和能力<br>2.根据不同岗位及需要拟定有效的激励措施<br>3.根据岗位职责和公司目标制定针对某一岗位的考核标准和内容 | 45 | | | |
| 总结汇报 | 资料分析能力、写作能力、团队合作能力 | 正确提交实训报告，制作图文并茂、内容翔实的PPT | 30 | | | |
| 合计 | | | | | | |

评语

# 实训项目三
# 理货员作业管理实训

## 实训任务一　理货员补货操作训练

### ● 实训任务分解

1.团队进行角色的分工、情景的设计。

2.进行角色模拟演练。

3.小组实训汇报总结。

### ● 能力目标要求

1.能够明确理货员在补货作业中的要求和内容。

2.能够熟练地进行理货员的补货作业。

### ● 实训情景设计

小李刚刚应聘到家乐福去当理货员，在校期间专业知识学得非常到位，可是真正到了岗位上难免有些紧张，不知所措。而今天负责培训小李的师傅因有事不能来上班，小李不得不顶替师傅上班。按照书本上所学的和平时师傅传授的理货作业的步骤一步一步进行操作，卖场巡视员检查完之后发现有很多商品需要补货。

请问：小李应该怎么操作才算规范呢？

### ◎ 实训要点指导

补货作业是指理货员根据商品配置表的安排，将商品补充到其各自应陈列的位置，以保持陈列丰盈，便于顾客选购的作业过程。

补货分为定时补货和不定时补货。定时补货是指在营业前或营业中的既定时间段进行补货（一般在非营业高峰时进行）；不定时补货即随销随补，是指当货架上的商品即将售完或部分已售出时进行的随时补充。

理货员应根据店内具体规定和要求，认真巡视卖场，及时发现缺货品种，保证质量地完成补货作业，不能因自己的工作失误而导致缺货，进而影响商品的销售。

#### 一、补货的基本要求

（1）开始营业前、营业高峰到来前和商品缺货时必须进行补货。

（2）补货以补满货架、端架和促销区为原则。

（3）补货区域的顺序依次为：端架、堆头、货架。

（4）补货品项的顺序依次为：促销品项、主力品项、一般品项。

（5）食品和有保质期期限的商品必须遵循先进先出的原则。

（6）对冷冻食品和生鲜食品的补充，要注意时段投放量的控制。早晨营业前上货量为预定销售额的40%，中午补充30%，下午营业高峰到来之前再补充30%。

（7）冷藏陈列商品在补货时，应注意码放不得超出控制线，以免影响风幕，造成暖气进入。

（8）商品不得放在冷气回风口，进风口50厘米以内不得堆放杂物，商品码放要整齐，柜内各层之间必须留有缝隙，以保证柜内循环冷气畅通。不同商品要根据要求放在相应温度的陈列柜内，水果蔬菜要求5~8℃，牛奶2~8℃，肉类-8~-2℃，速冻饺子、冰淇淋-20~-18℃。严禁理货员随意调节陈列柜内温度控制器。

（9）补货时必须检查商品的质量、外包装以及条码是否完好。

（10）补货时必须检查价签是否正确。

（11）不能随意更改陈列排面和陈列方式，要按价签所示陈列范围进行补货。

（12）补货操作以不堵塞通道、不影响卖场整洁、不妨碍顾客自由购物为原则。

（13）补货时，同一通道的放货卡板，同一时间内不能超过三块，且所有放货卡板均应在通道的同一侧放置。有存货卡板的地方，必须同时有员工作业。

（14）货架上的货物补齐后，第一时间处理通道上的存货和垃圾，存货归回库存区，垃圾送到指定地点。

（15）当商品缺货但又无法找到库存时，必须首先通过对系统库存数据的查询进行确定，确定属于缺货时，将暂时缺货的价签放置在货架上。

（16）当某种商品缺货时，不允许用其他货物填补，也不允许采用拉大相邻品项排面的方法填补空位，除非有新的陈列图。

## 二、补货作业内容

（1）确定补货品项。理货员的主要职责是在巡视卖场过程中，及时发现、统计待补货架，确定补货商品品项。

（2）填写领货单。理货员根据超市商品的销售情况，去仓库领商品，把要领取商品的货号、名称、数量及单价等填写在领货单上。

（3）依单领货。理货员必须凭借领货单领货，仓管员依据领货单的内容从仓库货架上取货。理货员对仓管员发出的商品，必须按领货单上的事项逐一核对验收，以免商品串号而提错货物。

（4）商品处理。对于用箱、布、塑料等包装的五金、百货、纺织、食品等各种商品，要先开箱、拆包、核对数量，然后按其销售规律和经营习惯，将商品拆解成最小销售单位。对有些商品需要进行加工、捆绑、加防盗扣等处理。对于按需要配备的各类商品，如罐头、糕点、烟酒、保健品或肉食类商品，要检查商品质量，包括检查保质期、条码，检查外包装是否干净、整洁等，过期的商品一律不准上架。对于需分装的商品，如频繁交易的糖果、糕点、干果等，可根据时间情况和工作要求按整数金额计量分别装袋，为加快售货进度和节省顾客购物时间做好准备。

商品如有损坏、变质或变脏残缺等质量问题，要将商品清理出来，按有关规定处理。

（5）商品标价。补货前，要对每件即将上架的商品进行检查，注意待补商品的价签要与架上商品价格完全相同。

（6）补货上架。补货时仍应坚持先进先出的原则，将原有商品取下后，补充新货，最后再将原有商品摆放在货架前排。

（7）补货检查。检查是否所有的商品均已经进行补货。

（8）价签检查。检查所有补货商品的价签是否完整，货签是否一一对应。

（9）余货返库。将剩余的商品清点，并填写返库单，返回仓库。仓管员根据返库单做相应的核对，并填写库存单。

（10）垃圾处理。对补货产生的垃圾进行处理，保持补货区域的卫生。

（11）通道检查。检查通道上有无遗漏的商品、卡板、垃圾、价签等杂物。

◎ **实训操作步骤**

门店理货员补货操作训练步骤如图3-1所示。

```
┌─────────────────────────────────┐
│   团队进行角色分工、情境的设计      │
└─────────────────────────────────┘
                 ↓
┌─────────────────────────────────┐
│         进行角色演练               │
└─────────────────────────────────┘
                 ↓
┌─────────────────────────────────┐
│       完成小组实训报告             │
└─────────────────────────────────┘
```

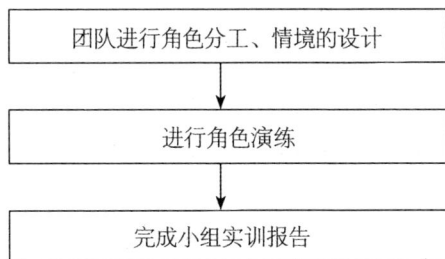

**图 3-1　门店理货员补货操作训练步骤**

## 步骤一：团队进行理货员收货角色分工、情境的设计

1.情境设计＿＿＿＿＿＿＿＿＿＿＿＿＿＿＿＿＿＿＿＿＿＿

＿＿＿＿＿＿＿＿＿＿＿＿＿＿＿＿＿＿＿＿＿＿＿＿＿＿＿＿

＿＿＿＿＿＿＿＿＿＿＿＿＿＿＿＿＿＿＿＿＿＿＿＿＿＿＿＿

2.角色分工＿＿＿＿＿＿＿＿＿＿＿＿＿＿＿＿＿＿＿＿＿＿＿

＿＿＿＿＿＿＿＿＿＿＿＿＿＿＿＿＿＿＿＿＿＿＿＿＿＿＿＿

＿＿＿＿＿＿＿＿＿＿＿＿＿＿＿＿＿＿＿＿＿＿＿＿＿＿＿＿

## 步骤二：进行角色演练

### 一、确定补货品项

1.清洁商品＿＿＿＿＿＿＿＿＿＿＿＿＿＿＿＿＿＿＿＿＿＿＿

＿＿＿＿＿＿＿＿＿＿＿＿＿＿＿＿＿＿＿＿＿＿＿＿＿＿＿＿

＿＿＿＿＿＿＿＿＿＿＿＿＿＿＿＿＿＿＿＿＿＿＿＿＿＿＿＿

2.做好商品的前排陈列＿＿＿＿＿＿＿＿＿＿＿＿＿＿＿＿

＿＿＿＿＿＿＿＿＿＿＿＿＿＿＿＿＿＿＿＿＿＿＿＿＿＿＿＿

＿＿＿＿＿＿＿＿＿＿＿＿＿＿＿＿＿＿＿＿＿＿＿＿＿＿＿＿

3.检查商品的质量_____

_____

_____

4.记录需补货商品的品项_____

_____

_____

## 二、填写领货单

1.核对需补货商品的具体信息_____

_____

_____

2.认真填写领货单（见表3-1）_____

_____

_____

表3-1 　　　　　　　××商场领货单

收货单位：　　　　　　年　月　日

| 商品编号 | 商品名称 | 单　位 | 数　量 | 单　价 | 库　存 |
|---|---|---|---|---|---|
|  |  |  |  |  |  |
|  |  |  |  |  |  |
|  |  |  |  |  |  |
|  |  |  |  |  |  |

领货人签名：　　　　　　发货人签名：

## 三、依单领货

1.核对商品信息_____

2.核对商品数量_____

3.检查商品质量_____

4.签字确认_____

**四、商品处理**

1.拆分包装_____

2.处理特殊商品_____

3.处理促销商品_____

4.处理问题商品_____

## 五、商品上架

1.补货检查_____

_____

2.价格检查_____

_____

## 六、处理善后

1.余货返库_____

_____

2.垃圾处理_____

_____

3.通道检查_____

_____

## 步骤三：完成小组实训报告

### 一、实训报告

_____

_____

### 二、汇报PPT

_____

## ◉ 案例分析讨论

**案例一**

有一天中午，店长正在食品区域帮助理货，忽然听到卖场那头传来阵阵的嘈杂声。起初店长不以为然，后来声音越来越大，当中还不断传来叫骂声，才发觉事态严重，立即赶去了解究竟发生了什么事。

原来是店里一位刚来的理货员，在打扫卫生时，不小心用拖把撞到顾客的脚上，但是那位顾客坚持说理货员的动作是故意的。由于该理货员为新手，不知该如何处理，只是一再跟顾客表示，是自己不小心，不是故意的。那位顾客非常生气，对着理货员大骂，指责他怠慢顾客，态度高傲，做错事又不承认。

店长在了解整件事情的经过后，便先把理货员支开，然后向客人道歉，并说明该理货员刚来，经验不足，遇到事情难免会慌手慌脚。由于店长的态度相当诚恳，顾客又嘀咕了一阵子才稍稍消了气。事后店长也告诫理货员，或许客人真的是无理取闹，身为连锁业的从业人员，一定要摆低姿态，尽量让顾客感受到被尊重，才能减少摩擦。

讨论：

1.本案例中店长传授给理货员哪些方面的职业素养和职业意识？

2.如果你是这名理货员，模拟演练你面对顾客指责时的应对方法。

**案例二**

在零售店铺中有这样一类人，他们掌握所属商品部门中商品的品名、属性、规格、价格水平以及保质期，哪里缺货哪里就能看到他们的身影，这就是理货员。在卖场中，他们与收银员一样都是最基层的工作人员。但在一定意义上，他们代表着超市的形象，是影响超市商品销售额的重要因素。

2016年2月13日早上7点，北京超市发双榆树店理货员小韩，推上自行车从家里出来，到路边的小摊买个煎饼果子，也来不及吃，一路猛蹬，径直奔往单位。7点30分，小韩就到单位了，比上班时间整整早到了20分钟。由于离家远，害怕迟到，小韩已经养成了早起、早到的习惯。20分钟后，超市开门了，小韩打卡签到，更换工作服，佩戴上工作牌后就开始打扫卫生，准备迎接顾客。超市8点正式对外营业。按检查记录进行大量的补货；保持排面整齐，依次向前递补，把新补充的商品放在后面；做到商品正面面向顾客。缺货时及时补货，补货按照有关补货作业的流程及规章进行。检查货签是否对位，有变价的商品与价格是否相符，所贴条码是否正确，摆放位置是否正确，货架上商品有无缺货状况，有无破损品或过期变质品，这些都做详细检查并记录下来。看看自己的辖区内商品无破损，无变质。作为一名老员工，小韩对这一流程已驾轻就熟了。

做一个超市理货员看似简单，但要掌握商品陈列方法和技巧，正确对商品进行陈列摆放，其中的学问可不小。

商品陈列必须根据季节性商品、促销类商品、畅销商品、毛利率高低等特性，采取合理有效的陈列方法，依据多种商品陈列的原则进行陈列；遵照零售店铺仓库管理和商品发货的有关程序，有秩序地进行领货工作。理货员还要对新商品的扩销问题有敏感的认识，对于折扣折让销售量大商品、团购量大商品、需采购批量大商品，搞好市场调查、掌握消费者需求等这些问题，要及时上报主管，制订新产品购销计划。

11点40分，两位先去吃饭的同事回来了，超市用餐时间是在11点到13点，由于超市要保证不空岗，5位上班的同事分开轮流用餐，每个人有45分钟的吃饭时间。

该补齐的货完成后，小韩开始围着自己的辖区到处转转，看到有碎纸屑及空箱子等都把它收起来，通道地面要时刻保持清洁。同时他还担当了保安的角色。当发现有可疑人员，要及时报告安保人员并做好跟踪工作，发现偷窃人员时要交保安处理。另外就是收拾遗弃商品，顾客选好了某样商品，中途又改变主意的情况很多，能把商品放回原处的固然很好，没有放回原处的，理货员只好去归位，有的顾客甚至将楼上楼下的商品对调。对于这些被顾客遗弃的商品，理货员要随见随收，不分辖区，像这样的工作小韩每天都要重复数百次。

临近下班时间，小韩到收银处收起当天顾客未结算的商品并办好手续，把未完成的事项和一天中遇到的问题向上级领导汇报。

14点30分，小韩结束了一天的工作，晚班人员开始上班。

讨论：

1.在上述材料中，理货员每日基本的作业内容是什么？

2.结合案例分析理货员的工作流程及工作过程中的注意事项。

◎ **实训效果评价**

门店理货员补货操作训练评价表，见表3-2。

表3-2　　　门店理货员补货操作训练评价表

| 实训任务 | 考核标准 | | | | | |
|---|---|---|---|---|---|---|
| | 考核要素 | 评价标准 | 分值（分） | 评分（分） | | |
| | | | | 自评（10%） | 互评（30%） | 教师评（60%） |
| 角色分工情境设计 | 资料查找能力、团队合作能力 | 能合理分工，制订工作计划 | 25 | | | |
| 角色演练 | 实践能力、观察能力 | 正确演绎接待顾客、销售商品的步骤；掌握基本的销售方法 | 45 | | | |
| 总结汇报 | 资料分析能力、写作能力、团队合作能力 | 正确提交实训报告，制作图文并茂、内容翔实的PPT | 30 | | | |
| 合计 | | | | | | |

评语

## 实训任务二　理货员收货操作训练

### ◎ 实训任务分解

1.参观企业，收集讨论其收货流程。

2.结合理论知识指出该企业收货流程的优点及缺点。

3.形成报告。

### ◎ 能力目标要求

1.能够了解收货岗位的职责。

2.能够掌握验收、配送、退货、打单、审核、录入等操作要求。

3.能够正确认识收货的总流程。

### ◎ 实训情境设计

李丽是某大学连锁经营管理的毕业生，刚刚进入唐久便利店开始实习生涯。经过短期的培训，她被分配到仓储门店，主要负责理货业务。因为便利店人员配置少，一个人可能要承担好几项工作。因此，李丽不只需要理货，还需要收货、盘点，甚至是收银。幸亏有店长细心的指导，工作虽然繁杂，李丽也开始慢慢上手，业务变得熟练起来。

有一天，店长不在，这时候负责配送的车辆到了，因为要赶着给下一家门店配送，要求李丽收货。这时候，李丽就犯愁了，因为从没单独收过货，怕出问题。

请问：李丽该怎么办？如果要收货，按照怎样的流程才算正规呢？

## ◎ 实训要点指导

### 一、收货岗位职责

（1）货品验收由质检人员同仓管人员共同验收。

（2）质检人员负责产品质量验收。（含产品标识、外观、性能、质量、包装）

（3）仓管人员清点产品数量及重量。

（4）验收完成后由双方共同在收货单签字收货。

### 二、收货流程

门店收货操作流程如图3-2所示。

### 三、收货流程描述

（1）供应商备货：供应商接到采购订单后应根据采购订单备货，如供应商接收到的产品订单模糊不清可能会影响到后续收货的，应及时反馈给相关订货人员，要求订货

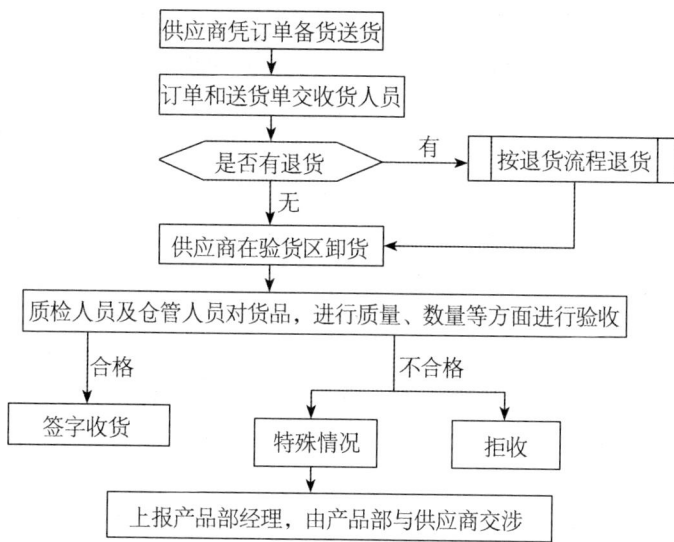

**图3-2 门店收货操作流程**

人员重新传送采购订单；供应商备货的同时应开出随货同行的有效出库单。

（2）供应商送货：供应商送货前应提前电话联系收货人员，告知预计送达时间。同时送货时将企业清晰的采购订单、供应商出库单装订好交收货员，对出现采购订单、供应商出库单不清晰的，收货员有权拒收；收货人员接到有效单据后，必须妥善保管，供公司查阅。相关单据必须保存3年以上，方可销毁。

（3）供应商卸货：供应商应听从收货人员的安排，将车停在指定位置卸货，供应商不得将车停到库内进行装卸货。

（4）先退货后收货：收货员核查供应商是否有退货，如有退货则按照先退货后收货的原则要求供应商先退货。

（5）收货员收货：收货员应根据国家相关法律法规的要求和企业的相关规定对商品进行验收。

（6）商品资料核对：收货人员验收时，需要对商品名称、净含量、商品规格等内容与订单上的相关内容进行一一核对。

（7）数量清点：检查完商品质量后，需对商品数量进行清点，并将实物数量填到"数量"栏内，如数量有误需要改动，收货员和供应商应在改动或划去的地方双方签名确认。

（8）验收完成：验收完成后，收货人员将订单上填写的实收数量与供应商出库单上的数量进行核对，核对无误后应在订单上签名确认收货。

### 四、收货原则

（1）收货要遵循"先到先收、鲜活易腐商品先收"的原则。

（2）验货坚持复核验收制度。

（3）收货员要认真负责，单据要书写工整、清晰。

（4）贵重商品必须拆箱、拆包、逐一验货并立即补货。

（5）散箱、破箱要开箱，一一点数。

（6）开箱验货后，一定要重新封箱。

（7）不以供货商所报数量为收货数量。

（8）随赠商品由产品部接收。

（9）商品必须符合国家各项规定。

（10）对不规范送货的供货商做好记录，定期向采购部反馈信息。

**五、商品拒收原则**

（1）无订单商品拒收。

（2）超订单商品拒收。

（3）与验货单不符的商品拒收。

（4）超允收期或临期的商品拒收。

（5）属供货商二次包装商品，而所送商品没做二次包装的商品拒收。

（6）无条码或条码无效的商品拒收。

（7）"三无商品"和进口商品无中文标识的商品拒收。

（8）被污染商品拒收。

**六、商品的检验标准**

（1）货物码放过程中，收货员要开箱抽验第二层货物。

（2）抽验数量：

①10箱以下及精品区的商品要全验；

②10箱至250箱可抽验10箱以上；

③250箱以上抽验30箱，不允许有偏差。

（3）验收内容：按验收标准和收货原则进行验收。

（4）商品型号、数量、规格、品名、重量、最小销售单位是否与验收单相符。

（5）定量商品要进行抽验称重（是否符合包装标示重量）。

（6）对商品要验收生产日期、保质期，在验货单上注明。

（7）验收商品是否符合国家核定的标准。

（8）与验货单不符的商品属供货商原因的应拒收，属订单有误的由经理或主管签字后可以收货。

（9）对于贴码商品应检验粘贴条码是否符合粘贴要求。

（10）检查验证条形码是否有效，内容与条码不符时应拒收。

**七、商品条码粘贴检验标准**

（1）有纸箱包装商品的条码要贴在封口处。

（2）服装类商品的条码要贴在标签上。

（3）塑料袋包装的商品条码要贴在封口处。

（4）鞋类商品的条码要贴在鞋的底部。

（5）裸包装商品的条码要贴在不影响商品外观和使用的部位上。

（6）瓶装商品必须将条码竖贴在瓶颈上，保证13位码在同一平面上。

（7）条码不得盖住商品的重要信息。

（8）条码要贴在明显处，以便查对。

◎ **实训操作步骤**

门店理货员收货操作训练步骤如图3-3所示。

```
┌─────────────────────────────────────────────────┐
│  分组进行企业实地调研，了解其收货制度、流程          │
└─────────────────────────────────────────────────┘
                      │
                      ▼
┌─────────────────────────────────────────────────┐
│              实地观察收货操作                      │
└─────────────────────────────────────────────────┘
                      │
                      ▼
┌─────────────────────────────────────────────────┐
│       针对该企业收货流程中的漏洞，提出意见           │
└─────────────────────────────────────────────────┘
                      │
                      ▼
┌─────────────────────────────────────────────────┐
│            形成文案报告，进行汇报                   │
└─────────────────────────────────────────────────┘
```

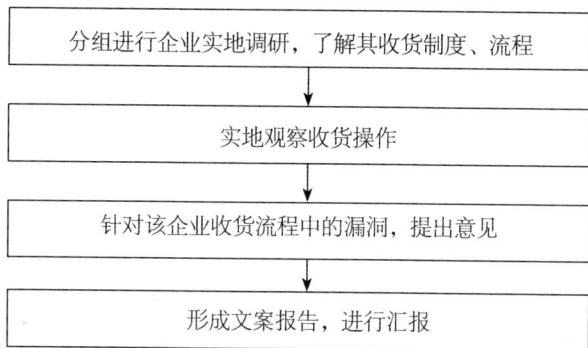

**图 3-3　门店理货员收货操作训练步骤**

## 步骤一：企业实地调研

### 一、了解门店状况

1.门店基本情况_____

_____

_____

2.门店经营状况_____

_____

_____

3.门店人员状况_____

_____

_____

### 二、了解门店收货制度、流程

1.访问管理层_____

_____

2.访问收货员_____

_____

3.收集并分析资料_____

_____

## 步骤二：实地观察收货操作

### 一、做好准备工作

1.前期工作准备_____

_____

2.确定日期_____

_____

3.确定地点_____

_____

### 二、填写记录

1.是否向供应商发出订单_____

_____

2.订单填写是否规范、清晰_____

_____

3.是否做好收货准备工作（卸货地点安排、收货登记本、卡板、叉车等）_____

_____

4.供应商是否出示订单和送货单（见表3-3、表3-4）_____

_____

表3-3　　　　　　　　**客户订单**

客户名称：　　　　　　　　　　发货日期：

客户地址：　　　　　　　　　　制表人：

客户邮箱：　　　　　　　　　　电话：

联系人：　　　　　　　　　　　传真：

| 序号 | 产品名称 | 产品型号 | 规格 | 单价（元） | 件数 | 数量（台/片/根/套） | 金额（元） | 备注 |
|---|---|---|---|---|---|---|---|---|
| 1 | | | | | | | | |
| 2 | | | | | | | | |
| 3 | | | | | | | | |
| 4 | | | | | | | | |
| 5 | | | | | | | | |
| 6 | | | | | | | | |
| 7 | | | | | | | | |
| 8 | | | | | | | | |
| 9 | | | | | | | | |
| 10 | | | | | | | | |
| 数量小计 | | | | | | | | |
| 合计（人民币）大写： | | | | | | | ￥ | |

表 3-4　　　　　　　　　　**送货单**

_____有限公司

购货时间：　　　　　　　　　　预约交货时间：

供货方（甲方）：　　　　　　　购货方（乙方）：

联系电话：　　　　　　　　　　联系电话：

售货电话：　　　　　　　　　　送货地址：

| 产品名称及规格 | 产地 | 单位 | 数量 | 单价 | 金额 | 备注 |
|---|---|---|---|---|---|---|
|  |  |  |  |  |  |  |
|  |  |  |  |  |  |  |
|  |  |  |  |  |  |  |
|  |  |  |  |  |  |  |
|  |  |  |  |  |  |  |
|  |  |  |  |  |  |  |

合计金额（大写）　拾　万　仟　佰　拾　元（小写　　元）

定金（大写）　　　　　　　　金额（大写）

5.收货员是否核对订单原件_____

_____

6.收货员是否调出退货单（见表3-5），是否先退货
后收货_____

_____

_____

表3-5　　　　　　　　　　退货单

客户信息：

| 客户姓名 | | 其他称呼 | | 购买日期 | |
|---|---|---|---|---|---|
| 订单号 | | 订单金额 | | 收货日期 | |
| 联系地址 | | | | | |
| 固定电话 | | | | | |

需办理退换货商品：

| 原商品编号 | 商品名称 | 颜色 | 尺寸 | 数量 | 金额 |
|---|---|---|---|---|---|
| | | | | | |
| | | | | | |
| | | | | | |

新换商品：（退货不填此栏）

| 原商品编号 | 商品名称 | 颜色 | 尺寸 | 数量 | 金额 |
|---|---|---|---|---|---|
| | | | | | |
| | | | | | |
| | | | | | |

退换货原因：（详细说明）

_____

_____

_____

7.收货员是否凭订单打印收货单（见表3-6）_____

实训项目三　理货员作业管理实训　　　　　　　　115

表 3-6                **收货单**

| 编号 | | 采购申请单号 | | | 年 月 日 | | 票号 | 备注 |
|---|---|---|---|---|---|---|---|---|
| 进货单位 | 品名 | 规格型号 | 单位 | 数量 | | | 票据种类 | |
| | | | | 送货量 | 实收量 | 量差 | | |
| | | | | | | | | |
| | | | | | | | | |
| | | | | | | | | |
| | | | | | | | | |
| | | | | | | | | |

库管员：       采购员：       送货人：

8.收货员是否拒收没有订单的商品＿＿＿＿＿＿＿＿＿＿

＿＿＿＿＿＿＿＿＿＿＿＿＿＿＿＿＿＿＿＿＿＿＿＿＿

＿＿＿＿＿＿＿＿＿＿＿＿＿＿＿＿＿＿＿＿＿＿＿＿＿

9.收货员是否验货＿＿＿＿＿＿＿＿＿＿＿＿＿＿＿＿＿

＿＿＿＿＿＿＿＿＿＿＿＿＿＿＿＿＿＿＿＿＿＿＿＿＿

＿＿＿＿＿＿＿＿＿＿＿＿＿＿＿＿＿＿＿＿＿＿＿＿＿

10.收货员是否送交录入员进行电脑录入＿＿＿＿＿＿＿

＿＿＿＿＿＿＿＿＿＿＿＿＿＿＿＿＿＿＿＿＿＿＿＿＿

＿＿＿＿＿＿＿＿＿＿＿＿＿＿＿＿＿＿＿＿＿＿＿＿＿

11. 是否开具商品验收单（见表3-7）_____

_____

_____

表3-7　　　　　　　　　**商品验收单**

发货单位：　　　　验收日期：　　　年 月 日

收货单位：　　　　　　　　　　　　　　　字第　　号

| 商品编号 | 等级 | 品名及规格 | 实收（原进价） | | | | 零售计价 | | | | 进销差价 | 附注 |
|---|---|---|---|---|---|---|---|---|---|---|---|---|
| | | | 单位 | 数量 | 单价 | 金额 | 单位 | 数量 | 单价 | 金额 | | |
| | | | | | | | | | | | | |
| | | | | | | | | | | | | |
| | | | | | | | | | | | | |
| | | | | | | | | | | | | |
| | | | | | | | | | | | | |
| | 合计 | | | | | | | | | | | |

主管：　　会计：　　记账：　　验收：　　制单：

12. 是否进行商品的复检_____

_____

_____

13. 是否进行了文件复核、整理、归档_____

_____

_____

**步骤三：针对该企业收货流程中的问题提出建议**

**一、漏洞查找**

1.收货制度方面＿＿＿＿＿＿＿＿＿＿＿＿＿＿＿＿＿＿＿＿＿
＿＿＿＿＿＿＿＿＿＿＿＿＿＿＿＿＿＿＿＿＿＿＿＿＿＿＿＿＿
＿＿＿＿＿＿＿＿＿＿＿＿＿＿＿＿＿＿＿＿＿＿＿＿＿＿＿＿＿

2.收货流程方面＿＿＿＿＿＿＿＿＿＿＿＿＿＿＿＿＿＿＿＿＿
＿＿＿＿＿＿＿＿＿＿＿＿＿＿＿＿＿＿＿＿＿＿＿＿＿＿＿＿＿
＿＿＿＿＿＿＿＿＿＿＿＿＿＿＿＿＿＿＿＿＿＿＿＿＿＿＿＿＿

3.收货人员方面＿＿＿＿＿＿＿＿＿＿＿＿＿＿＿＿＿＿＿＿＿
＿＿＿＿＿＿＿＿＿＿＿＿＿＿＿＿＿＿＿＿＿＿＿＿＿＿＿＿＿
＿＿＿＿＿＿＿＿＿＿＿＿＿＿＿＿＿＿＿＿＿＿＿＿＿＿＿＿＿

**二、提出意见**

1.收货制度方面＿＿＿＿＿＿＿＿＿＿＿＿＿＿＿＿＿＿＿＿＿
＿＿＿＿＿＿＿＿＿＿＿＿＿＿＿＿＿＿＿＿＿＿＿＿＿＿＿＿＿
＿＿＿＿＿＿＿＿＿＿＿＿＿＿＿＿＿＿＿＿＿＿＿＿＿＿＿＿＿

2.收货流程方面＿＿＿＿＿＿＿＿＿＿＿＿＿＿＿＿＿＿＿＿＿
＿＿＿＿＿＿＿＿＿＿＿＿＿＿＿＿＿＿＿＿＿＿＿＿＿＿＿＿＿
＿＿＿＿＿＿＿＿＿＿＿＿＿＿＿＿＿＿＿＿＿＿＿＿＿＿＿＿＿

3.收货人员方面＿＿＿＿＿＿＿＿＿＿＿＿＿＿＿＿＿＿＿＿＿
＿＿＿＿＿＿＿＿＿＿＿＿＿＿＿＿＿＿＿＿＿＿＿＿＿＿＿＿＿
＿＿＿＿＿＿＿＿＿＿＿＿＿＿＿＿＿＿＿＿＿＿＿＿＿＿＿＿＿

### 步骤四：形成文案进行汇报

#### 一、总结报告

_____

_____

_____

#### 二、PPT文件

_____

_____

_____

## ◉ 案例分析讨论

### 案例一

北京市大兴西红门某超市收货员司某和赵某相互勾结，利用超市凌晨收货时间的漏洞，将超市的物品"收回"到自家中，一个月内盗窃了价值万余元的物品。2015年7月底，超市在月底盘点时发现丢了许多货物，但查遍了监控也没发现窃贼。于是，超市就加强了戒备，特意叮嘱监控值守人员死死盯住监控屏幕。

8月1日凌晨，正是超市进货时间。超市监控室的值班人员在销售区的监控屏幕上发现了收货员司某和赵某，按照要求，这个时间二人不应该在销售区。值守人员随即操控监控探头追寻二人行踪，发现他们分别在酒水区和生鲜区拿了一些货品，装在箱子里搬了出去。就在司某和赵某把货物装车准备离开时，工作人员及时将赵某控制住并移交警方，司某则趁乱逃跑。

赵某交代，他和司某都是超市收货员，他是生鲜区的收货员，司某是负责几个区的总收货员。工作中，二人发现凌晨收货的时候没有别的员工，利用收货员可以搬运东西的便利条件，从超市偷东西。于是，二人收买了送货的货车司机，每次盗窃后，由货车司机将货物运出，再装上司某的汽车，运回各自家中。警方在司某和赵某的家中起获了大量被盗货物，多达几十种，价值1万余元。

讨论：

1.舞弊是如何发生的？

2.如何防止和避免此类舞弊？

**案例二**

2011年1月30日22点左右，记者在家乐福双井店的配货口看到，对面一字排放着8辆送货车；在停车场的西面，还停着6辆晚到的送货车。车内，司机和装卸工在无奈地等着排号卸货。"凌晨5点就到了，现在前面还有7辆车。"一位已经等候了17个小时的罐头供货商司机告诉记者，周围的送货车也都是当天凌晨就过来排队送货的。

现场值班的保安说，"供货商送货排队等一天一夜是很常见的"。据一位排队等候的司机介绍，一个同行昨日排了31个小时才送完货。

讨论：

1.家乐福为什么会出现送货车排队的现象？

2.请你为家乐福出谋划策，提出解决该问题的可行之策。

## ◎ 实训效果评价

门店理货员收货作业操作训练评价，见表3-8。

表3-8　　门店理货员收货作业操作训练评价表

| 实训任务 | 考核标准 | | 分值（分） | 评分（分） | | |
|---|---|---|---|---|---|---|
| | 考核要素 | 评价标准 | | 自评（10%） | 互评（30%） | 教师评（60%） |
| 企业调查 | 调研能力、团队合作能力、资料分析能力 | 作企业调查时收集资料用的方法、手段具有科学性，实用性；信息收集具有完整性、代表性 | 30 | | | |
| 实地观察 | 观察能力、分析能力 | 详细记载企业收货时的环节、细节；对出现的不合理的行为能有判断能力 | 45 | | | |
| 总结汇报 | 资料分析能力、写作能力、团队合作能力 | 正确提交企业收货流程及其出现的漏洞，针对问题提出建设性意见；制作图文并茂、内容翔实的PPT并撰写实训报告 | 25 | | | |
| 合计 | | | | | | |
| 评语 | | | | | | |

# 实训项目四
# 收银员作业管理实训

## 实训任务一　收银员作业流程训练

### ◉ 实训任务分解

1.组织学生在超市分组开展门店收银岗位顶岗实训，体会收银员一天的工作流程，了解收银作业管理的重点。

2.结合理论知识指出该企业收货流程的优点及缺点。

3.通过超市收银员岗位工作流程，每个小组编写一份收银员每日工作计划书，并根据计划书内容进行流程演练。

### ◉ 能力目标要求

1.能根据收银的作业流程准确、迅速地进行收银作业。

2.能够在收银出现差错时，快速、准确地处理、纠正。

3.能掌握收银作业的岗位职责和管理重点。

## ◉ 实训情境设计

张琳是某大学连锁经营管理专业的学生，利用暑期进入美特好超市进行顶岗实习。经过短期的培训，她被分配到收银岗位，主要负责收银工作。一开始，张琳认为收银岗位非常简单，只要正确收银即可。可是经过几天的实习，发现收银工作并没有想象中那么简单。营业前、营业中、营业后都需要按照一定的流程进行作业操作。虽然接受了培训，也在岗位上实践过了。但是，对于收银员一天的收银工作还是没有很明确的认识，偶尔还会犯一些错误，受到领导的批评。

请问：如果你是张琳，该怎么办？请帮助她画出正确的作业流程图。

## ◉ 实训要点指导

### 一、收银主管能力及员工职责

（一）收银主管的能力要求

1.工作能力

（1）熟悉各项收银作业，包括营业前的准备、营业中的操作管理及营业后的结账收尾工作。

（2）安排收银员作业的能力。

（3）以身作则并督导下属做好对顾客正确、迅速、礼貌服务的能力。

（4）教育、培训下属的能力。

（5）清账、结账工作能力。

（6）总部及门店各项规定事项的执行、检查与追踪等能力。

2.工作知识

（1）人事管理知识。

（2）商品知识。

（3）现金管理知识。

（4）装袋技巧、包装技巧。

（5）卖场礼仪、顾客应对之道。

（6）收银机操作及简单故障的排除。

（7）顾客投诉处理技巧。

（二）收银员的主要工作职责

（1）提供客户消费后的直接结账、收银等服务。

（2）零用金及办公用品的领取和管理。

（3）负责现金和转账结算凭证、单据的保管与安全保障。

（4）收款凭证和各种表单的装订与上交。

（5）收银设备的日常管理与使用前调试。

**二、收银员的道德要求**

（一）收银员的仪表

（1）整洁的制服。

（2）清爽的发型。

（3）适度的化妆。

（4）干净的双手。

（二）收银员的举止态度

（1）随时保持亲切的笑容，以礼貌和主动的态度来接待和协助顾客。

（2）当顾客发生错误时，切勿当面指责，应以委婉的语言来为顾客解脱。

（3）在任何情况下，都应保持冷静和清醒，控制好自己的情绪，切勿与顾客发生任何口角。

（4）员工之间切勿大声呼叫或相互闲聊。

（三）正确的待客用语

（1）离开收银台时，应说"请稍等一下。"或告知离开的理由。

（2）收银员重新回到收银台时，应说："真对不起，让您久等了。"

（3）遇到自己的疏忽或没有正确解决办法时，应说："真抱歉"或"对不起"。

（4）提供意见让顾客决定时，应说："若是你喜欢的话，请您……"

（5）希望顾客采纳自己的意见时，应说："实在是很抱歉，请问您……"

（6）当提出几种意见询问顾客时，应说："您的意见如何呢？"

（7）遇见顾客抱怨时，应仔细聆听顾客的意见并予以记录，如果问题严重，不要立即下结论，而应请主管出面向顾客解说，其用语为："是的，我明白您的意思，我会将您的建议汇报店长并尽快解决，或者您是否愿意直接告诉店长？"

（8）当顾客买不到商品时，应向顾客致歉，并给予建议："对不起，现在刚好缺货，让您白跑一趟，您要不要先买别的牌子试一试？"或"您要不要留下电话和姓名，等新货到时立刻通知您？"

（9）不知如何回答顾客时，或者对答案没有把握时，绝对不能说"不知道"，应回答"对不起，请您等一下，我请店长来为您解答"。

（10）当顾客询问商品是否新鲜时，应肯定地告诉顾客："一定新鲜，如果买回去不满意，欢迎您拿来退货或换货。"

（11）顾客要求给自己购买的礼品进行包装时，应微笑地告诉顾客："好的，请您先在收银台结账，再麻烦您到服务台，会有人专门为您包装。"

（12）当顾客询问特价商品信息时，应先口述数种特价商品，同时拿出宣传单给顾客，并告诉顾客："这里有详细的内容，请您慢慢参考选购，祝您购物愉快。"

（13）在门店遇到购买本店商品的顾客时，应说："谢谢您！欢迎再次光临。"

（14）本收银台收银空闲，而顾客又不知道要到何处结账时，应该说："欢迎光临，请您到这里来结账好吗？"

（15）有多位顾客等待结账，而最后一位表示只买一样商品，且有急事时，对第一位顾客应说："对不起，您能不能让这位只买一件商品的先生（或女士）先结账，他（她）好像很着急。"等第一位顾客同意时，应再次对他说"对不起，耽误您的时间了，谢谢您！"当第一位顾客不同意时，对提出要求的顾客说："很抱歉，大家好像都很急。"

（四）收银员应该避免的言行表现

（1）为顾客结账时，从头到尾不说一句话，只是闷着头、面无表情地操作收银机。找钱给顾客后，不进行装袋工作，或直接进行下一笔结账作业。

（2）为顾客提供装袋服务时，不考虑商品的性质，全部放入同一购物袋内，或者将商品丢入袋中。

（3）顾客询问是否还有特价商品时，不耐烦地打发顾客。如"不知道""你去问别人好了""你自己去找"等。

（4）收银员彼此聊天、谈笑，当顾客走来时，不加理会或自顾做自己的事，等到顾客开口询问时，随便敷衍。

（5）当顾客询问时，只是让顾客等一下，即离开不知去向，也没有告诉对方离去的理由。

（6）在顾客面前，与同事议论或取笑其他顾客。

（7）当顾客在收银台等候结账时，突然告诉顾客："这台机不结账了，请到别的收银机去结账"，随即关机离开。

**三、收银作业流程**

（一）营业前准备

（1）提前半小时换好工作装。

（2）在班长的带领下到现金房领取备用金。

（3）在班长在场的情况下清点备用金。

（4）确认无误后，在相应的栏内画"√"，确认签字。

（5）在班长的带领下返回卖场，做开店准备。

（6）进行收银台的区域整理、开机、备品整理。

（二）营业工作中的要点

（1）遵守收银工作重点，欢迎顾客光临。

（2）对顾客的提问耐心回答。

（3）发生顾客抱怨或由于收银结算有误，顾客前来投诉交涉时，立即联系值班班长，避免影响正常的收银工作。

（4）对顾客不要的小票当场撕毁，不得保留。

（5）重扫商品，必须由班长、经理进行取消。

（6）交接班时确认收银机抽屉及周围是否有忘记回收的现金。

（7）在等待顾客时，进行收银前的各项工作的准备。

（8）在营业高峰期间，听从班组长安排从事其他工作。

（9）按照装袋要求对商品进行分类装袋。

（三）营业结束后的处理

（1）营业结束时拿好备用金、营业款及各类单据，到指定地点填制清单，并按照公司规定的金额留存备用金。

（2）填写现金交接单，全部点好并整理好现金。在其他人员监督下装入钱袋，将收回的购物卡及银行卡单据放入卡袋，拿好现金袋、卡袋到指定地点，在登记簿上签名后交收银主管签收，并将备用金有序地放入保险柜内。

（3）整理收银作业区卫生，清洁、整理各类备用品。

（4）关闭收银机并改好防尘罩。

（5）协助现场人员做好结束后的其他工作。

（四）收银作业流程图

1.营业前作业流程

门店收银员营业前作业流程如图4-1所示。

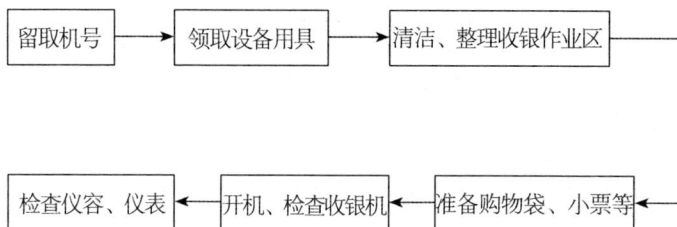

图4-1　门店收银员营业前作业流程

2.营业中作业流程

门店收银员营业中作业流程如图4-2所示。

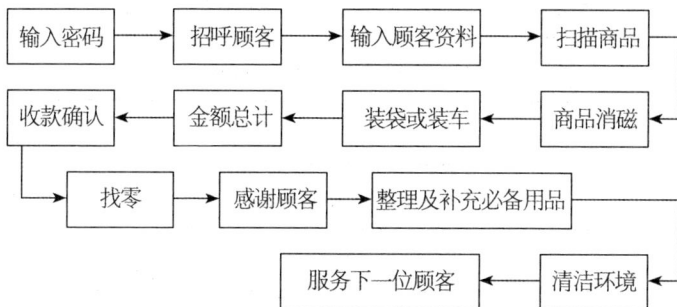

图4-2　门店收银员营业中作业流程

3.营业结束后作业流程

门店收银员营业后作业流程如图4-3所示。

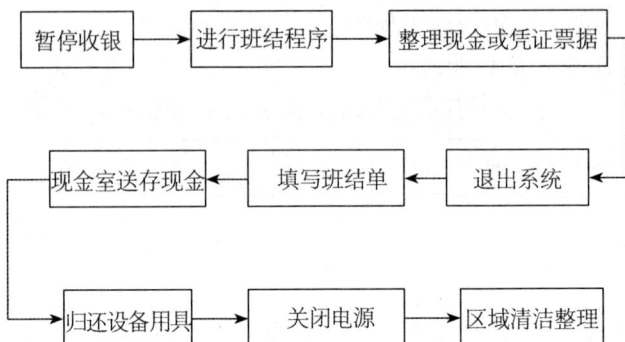

图4-3 门店收银员营业后作业流程

## ○ 实训操作步骤

门店收银员作业操作训练步骤如图4-4所示。

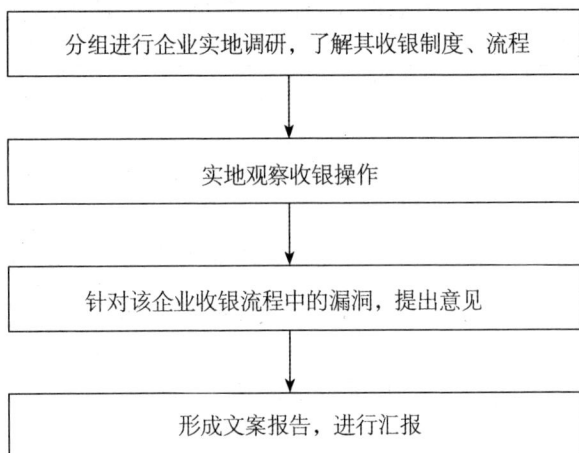

图4-4 门店收银员作业操作训练步骤

门店运营管理实训

**步骤一：企业实地调研**

**一、了解门店状况**

1.门店基本情况_____

_____

_____

2.门店经营状况_____

_____

_____

3.门店人员状况_____

_____

_____

**二、了解门店收银制度、流程**

1.访问收银主管_____

_____

_____

2.访问收银员_____

_____

_____

3.收集并分析资料_____

_____

_____

## 步骤二：实地观察收银操作

### 一、做好准备工作

1.前期工作准备_____

_____

_____

2.确定日期_____

_____

_____

3.确定地点_____

_____

_____

### 二、填写记录

1.营业前

（1）是否提前半小时到并换好工作装_____

_____

_____

（2）是否领取备用金_____

_____

_____

（3）是否清点备用金_____

_____

_____

（4）确认无误后，是否确认签字_____

_____

（5）是否进行了收银台的区域整理、开机、备用品整理＿＿＿＿＿＿＿＿＿＿＿＿＿＿＿＿＿＿＿＿＿

＿＿＿＿＿＿＿＿＿＿＿＿＿＿＿＿＿＿＿＿＿＿＿＿＿＿

＿＿＿＿＿＿＿＿＿＿＿＿＿＿＿＿＿＿＿＿＿＿＿＿＿＿

2.营业中
（1）是否微笑迎客并欢迎顾客光临＿＿＿＿＿＿＿＿＿

＿＿＿＿＿＿＿＿＿＿＿＿＿＿＿＿＿＿＿＿＿＿＿＿＿＿

＿＿＿＿＿＿＿＿＿＿＿＿＿＿＿＿＿＿＿＿＿＿＿＿＿＿

（2）是否对顾客的提问耐心回答＿＿＿＿＿＿＿＿＿＿＿

＿＿＿＿＿＿＿＿＿＿＿＿＿＿＿＿＿＿＿＿＿＿＿＿＿＿

＿＿＿＿＿＿＿＿＿＿＿＿＿＿＿＿＿＿＿＿＿＿＿＿＿＿

（3）能否正确处理顾客抱怨＿＿＿＿＿＿＿＿＿＿＿＿＿

＿＿＿＿＿＿＿＿＿＿＿＿＿＿＿＿＿＿＿＿＿＿＿＿＿＿

＿＿＿＿＿＿＿＿＿＿＿＿＿＿＿＿＿＿＿＿＿＿＿＿＿＿

（4）能否正确处理重扫商品＿＿＿＿＿＿＿＿＿＿＿＿＿

＿＿＿＿＿＿＿＿＿＿＿＿＿＿＿＿＿＿＿＿＿＿＿＿＿＿

＿＿＿＿＿＿＿＿＿＿＿＿＿＿＿＿＿＿＿＿＿＿＿＿＿＿

（5）交接班时是否做到确认收银机抽屉及周围是否有忘记回收的现金＿＿＿＿＿＿＿＿＿＿＿＿＿＿＿＿＿＿＿

＿＿＿＿＿＿＿＿＿＿＿＿＿＿＿＿＿＿＿＿＿＿＿＿＿＿

＿＿＿＿＿＿＿＿＿＿＿＿＿＿＿＿＿＿＿＿＿＿＿＿＿＿

（6）是否在等待顾客时，进行收银前的各项工作的准备＿＿＿＿＿＿＿＿＿＿＿＿＿＿＿＿＿＿＿＿＿＿＿＿＿

＿＿＿＿＿＿＿＿＿＿＿＿＿＿＿＿＿＿＿＿＿＿＿＿＿＿

（7）是否按照装袋要求对商品进行分类装袋_____

3.营业后

（1）营业结束时是否拿好备用金、营业款及各类单据，到指定地点填制清单，并按照公司规定的金额留存备用金_____

（2）是否填写现金交接单，全部点好并整理好现金__

（3）是否在登记簿上签名后交收银主管签收，并将备用金有序地放入保险柜内_____

（4）是否整理收银作业区卫生，清洁、整理各类备用品_____

（5）是否关闭收银机并盖好防尘罩_____

（6）是否协助现场人员做好结束后的其他工作_____

_____

_____

### 步骤三：针对该企业收货流程中的问题提出建议

**一、漏洞查找**

1.收银制度方面_____

_____

_____

2.收银流程方面_____

_____

_____

3.收银人员方面_____

_____

_____

**二、提出意见**

1.收银制度方面_____

_____

_____

2.收银流程方面_____

_____

_____

3.收银人员方面

## 步骤四：形成文案进行汇报

### 一、实训报告

_____

_____

### 二、汇报PPT

_____

_____

_____

### ◎ 案例讨论分析

**案例一**

　　某日上午，某购物广场迎来了顾客流的高峰期。一位顾客推着一车物品，在收银台前排队结账。当商品条码扫描进行到一半时，收银台前来了两位佩戴红色工牌的商品部门课长。只见这两位课长跟收银员说了几句什么，收银员立即放下了手中扫描了一半的商品，跟那两个员工核对起什么来。顾客没说什么，等着。然而5分钟过去了，他们三个人的核对仍然没有结束，顾客还是没说什么。10分钟过去了，核对没有结果，顾客与他的家人无奈地交换着眼神。15分钟过去了，顾客实在忍无可忍发了火："你们有完没完，能不能把我的东西算完账再说？"顾客边说边向其他等待买单的顾客说："连个招呼都没有，就把我们晾到一边去了。"其他顾客连连点头表示赞同。三个人这才结束了核对，收银员又继续开始工作，自始至终，没有人对该顾客说一句"对不起"，顾客很不满意地离开了。

讨论：

1.他们的做法存在哪些问题？

2.作为收银主管该如何杜绝此类行为？

**案例二**

一顾客买了一件商品，交完钱后，想把一张20元的纸币换成4张5元的。当向收银员提出自己的这一要求时，收银员生硬地回答："不行，商场有规定不能换。"无论顾客怎样解释，收银员还是那句话"不行"。顾客对这种回答非常不满。

讨论：

1.该收银员的做法有何不妥？

2.正确的做法应该是怎样的？

## ◎ 实训效果评价

门店收银员作业操作训练评价表，见表4-1。

表4-1　　　**门店收银员作业操作训练评价表**

| 实训任务 | 考核标准 | | | | | |
|---|---|---|---|---|---|---|
| | 考核要素 | 评价标准 | 分值（分） | 评分（分） | | |
| | | | | 自评（10%） | 互评（30%） | 教师评（60%） |
| 企业调查 | 调研能力、资料分析能力、团队合作能力 | 做企业调查时收集资料用的方法、手段具有科学性、实用性，信息收集具有完整性、代表性 | 30 | | | |

| 实训任务 | 考核标准 | | | 评分（分） | | |
|---|---|---|---|---|---|---|
| | 考核要素 | 评价标准 | 分值（分） | 自评（10%） | 互评（30%） | 教师评（60%） |
| 实地观察 | 观察能力、分析能力 | 详细记载企业收银时的环节、细节，对出现的不合理的行为能有判断能力 | 45 | | | |
| 总结汇报 | 资料分析能力、写作能力、团队合作能力 | 正确提交企业收银流程及其出现的漏洞，针对问题提出建设性意见；制作图文并茂、内容翔实的PPT并撰写实训报告 | 25 | | | |
| 合计 | | | | | | |
| 评语 | | | | | | |

## 实训任务二　收银员收银作业训练

### ⚙ 实训任务分解

1.组织学生分组开展门店收银岗位顶岗实训，熟悉收银员各个操作业务程序，了解收银作业管理的重点。

2.结合理论知识指出该企业收银员在收银过程中的不足之处。

3.每个小组编写一份收银员业务操作手册，并根据手册内容进行流程演练。

### ⚙ 能力目标要求

1.能根据收银的作业流程准确、迅速地进行收银作业。

2.能够在收银出现差错时，快速、准确地纠正并处理妥当。

3.能掌握收银作业的岗位职责和管理重点。

### ⚙ 实训情境设计

中秋节这天，收银台前人潮涌动，大家都急着马上排队买单后回家过节，收银员也一个个手如飞梭：扫描→收款→点钞→找零……突然，发现有个收银台前不断传来顾客的争吵声，顾客排的队也特别长，但移动的速度却出奇地慢。走到那位收银员身边仔细观察才发现了问题的"源头":原来这位收银员特别"秀气",慢慢地拿过顾客的商品,慢慢地一个个扫描,再缓缓地取过顾客递过来的钱,轻轻地放入收款箱,然后非常"秀气"地在箱内寻找零钱,再"小心翼翼"地递到顾客手中,再"慢慢地"接过又一个商品……整个过程都在缓慢进行,和动作麻利的伙伴相比,显得非常"斯文""秀气",可在一边早已等得不耐烦的顾客实在无心欣赏与留恋这等"秀气"景观,一个个吵嚷起来:"你们这位收银员怎么这么慢啊?""别的收银台这会功夫早就几个人过去了,这儿却这么慢!""怎么回事啊?等得都急死人了!"……埋怨声不绝于耳。

请问:如果你是店长,该如何提高该收银员的业务水平呢?

### ◎ 实训要点指导

#### 一、收银纪律管理

(1)收银员在营业时身上不可带有现金以免引起误解以及可能产生的公款私挪的现象。

(2)收银员在进行收银作业时,不可擅自离开收银台。

(3)收银员应使用规范的服务用语。

(4)收银员不可为自己的亲朋好友结算收款,以免引起误会。

(5)在收银台上,收银员不可放置任何私人物品。

(6)收银员不可任意打开收银机抽屉查看数字和清点

现金。

（7）暂不启用的收银通道必须用链条拦住。

（8）收银员在营业期间不可看报与谈笑。

（9）收银员要熟悉门店的商品和特色服务内容，了解商品位置和门店促销活动，尤其是当前的商品变价、商品特价、重要商品存放区域，以及有关的经营情况。

**二、收银员装袋作业管理**

首先是正确选择购物袋，其次将商品分类装袋。其原则是：

（1）生鲜类食品（含冷冻食品）不与干货食品、百货食品混合装袋。

（2）生鲜食品中的熟食、面包类即食商品不与其他生鲜食品混装。

（3）生鲜食品中，海鲜类产品不与其他生食品混装，避免串味，水果不能和未处理的生鲜蔬菜放在一起。

（4）化学用剂类（洗发水、香皂、肥皂、洗衣粉、各类清洁剂、杀虫剂）不与食品、百货类混装。

（5）服装、内衣等贴身纺织品，不与食品类商品混装，避免污染。

（6）其他比较专业的、特殊的商品一般不混装，如机油、油漆等。

装袋技巧如下：

（1）硬与重的商品垫底装袋。

（2）正方形或长方形的商品放入包装袋的两侧，作为支架。

（3）瓶装或灌装的商品放在中间，以免受外来压力而破损。

（4）易碎品或轻飘的商品放在袋子的上方。

（5）冷冻品、豆制品等容易出水的商品和肉、菜等容易流出汁液的商品，应先用包装袋装好后再放入大的购物袋中，或者经顾客同意不放入购物袋中。

（6）装入袋中的商品不能高过袋口，以免顾客提拿时不方便，一个袋装不下的商品应装入另一个袋中。

（7）超市在促销活动中所发出的广告页或赠品要确认已放入包装袋中。

（8）入袋时要绝对避免不是一个顾客的商品放入同一个袋中的现象。

（9）对包装袋中装不下的体积过大的商品，要用绳子捆好，以方便顾客提拿。

（10）提醒顾客带走所有包装入袋的商品，防止顾客将商品遗忘在收银台上。

### 三、收银员离开收银台的作业管理

（1）放好标志。

（2）拦住通道。

（3）锁好抽屉，带走钥匙或交给店长。

（4）向邻近的收银员报告行踪。

（5）如有顾客等待，不宜立即离开，或提示顾客到其他收银台结账。

#### 四、顾客兑换金钱管理

为防止一些不法分子以换钱为由，运用各种手段诈骗金钱，致使门店遭受损失，对于兑换金钱做如下处理：

（1）若顾客以纸钞兑换纸钞，收银员应婉言拒绝。

（2）如果有公共设施需要兑换小额硬币，可到指定地点或总服务台兑换。

#### 五、本店职工的购物管理

（1）一般不得在工作时间购物，其他时间购物带入店内要办理相关手续。

（2）店内员工调换商品，按照相应手续办理。

#### 六、收银员对商品的管理

（1）凡是通过收银区的商品都要付款结账。

（2）收银员要有效控制商品的出入，避免厂商人员或店内职工擅自将商品带出门店，造成损失。

（3）收银员应熟悉商品价格，及早发现错误的标价，特别是调价后实行新价格的，需特别注意调价商品的价格。如果商品的标价低于正常价，应向顾客委婉解释，并应立即通知店内人员价差及其他商品的标价是否正确。

#### 七、商品调换和退款的管理

（1）接受顾客要求调换商品和退款，门店应设专人接待，不要让收银员接待，以免影响收银工作的正常进行。

（2）接待人员要认真听取顾客要求调换商品和退款的

原因，做好记录，借此了解顾客退、换货的原因，同时这些记录可成为门店今后改进工作的依据。

（3）退换作业最好在门店服务台或其他指定地点进行，以免影响收银员正常结账作业。

**八、结算作废的处理**

（1）每发生一张作废结算单，必须立即登记在作废结算单记录本上，作废结算单上必须有顾客的签名，记录本上必须有收银员和店长两人的签名。作废结算记录本其格式为一式两联：一联随同作废结算单转入会计部门；另一联由收银部门留存，必须是一个收银员一本，以考核收银员的差错率等情况。

（2）如因作废结算记录本遗失，而不能办理结算单作废，应视为收银员的收银短缺，由收银员自己负责，这样可以防止收银员以记录本遗失为由，徇私舞弊。如遇到特殊情况可以补领。因此，作废记录本最好是在收银员下班后交专人保管。

（3）所有作废结算单按规定的手续办理，必须在营业总结账之后补办，这是收银员可能发生不良行为的补漏手续，要予以重视。

（4）如一笔收款结账有多张结算单，只要有其中一张发生错误，应将其余的结算单一起收回办理作废手续。

◎ **实训操作步骤**

门店收银员收银作业操作训练步骤如图4-5所示。

```
┌─────────────────────────────────────────────────────────────┐
│  分组进行企业实地调研，熟悉该企业收银员业务操作程序           │
└─────────────────────────────────────────────────────────────┘
                              │
                              ▼
┌─────────────────────────────────────────────────────────────┐
│              实地观察收银员收银业务                           │
└─────────────────────────────────────────────────────────────┘
                              │
                              ▼
┌─────────────────────────────────────────────────────────────┐
│     针对该企业收银员的操作流程中的不足之处，提出意见          │
└─────────────────────────────────────────────────────────────┘
                              │
                              ▼
┌─────────────────────────────────────────────────────────────┐
│              形成文案报告，进行汇报                           │
└─────────────────────────────────────────────────────────────┘
```

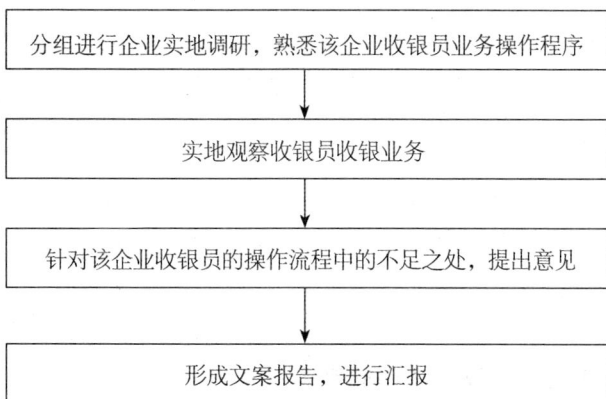

**图4-5 门店收银员收银作业操作训练步骤**

## 步骤一：企业实地调研

### 一、了解门店状况

1.门店基本情况＿＿＿＿＿＿＿＿＿＿＿＿＿＿＿＿＿＿＿＿＿

＿＿＿＿＿＿＿＿＿＿＿＿＿＿＿＿＿＿＿＿＿＿＿＿＿＿＿＿＿

＿＿＿＿＿＿＿＿＿＿＿＿＿＿＿＿＿＿＿＿＿＿＿＿＿＿＿＿＿

2.门店经营状况＿＿＿＿＿＿＿＿＿＿＿＿＿＿＿＿＿＿＿＿＿＿

＿＿＿＿＿＿＿＿＿＿＿＿＿＿＿＿＿＿＿＿＿＿＿＿＿＿＿＿＿

＿＿＿＿＿＿＿＿＿＿＿＿＿＿＿＿＿＿＿＿＿＿＿＿＿＿＿＿＿

3.门店人员状况＿＿＿＿＿＿＿＿＿＿＿＿＿＿＿＿＿＿＿＿＿＿

＿＿＿＿＿＿＿＿＿＿＿＿＿＿＿＿＿＿＿＿＿＿＿＿＿＿＿＿＿

＿＿＿＿＿＿＿＿＿＿＿＿＿＿＿＿＿＿＿＿＿＿＿＿＿＿＿＿＿

### 二、了解门店收银制度、流程

1.访问收银主管＿＿＿＿＿＿＿＿＿＿＿＿＿＿＿＿＿＿＿＿＿＿

2.访问收银员_____

_____

3.收集并分析资料_____

_____

**步骤二：实地观察收银操作**

**一、做好准备工作**

1.前期工作准备_____

_____

2.确定日期_____

_____

3.确定地点_____

_____

**二、填写记录**

1.收银员装袋作业管理

（1）是否正确选择购物袋_____

_____

（2）是否将商品分类装袋_____

_____

_____

（3）是否了解装袋技巧_____

_____

_____

2.收银员离开收银台的作业管理

（1）是否放好标志_____

_____

_____

（2）是否拦住通道_____

_____

_____

（3）是否锁好抽屉，带走钥匙或交给店长_____

_____

_____

（4）是否向邻近的收银员报告行踪_____

_____

_____

（5）如有顾客等待而又需要立即离开时，是否提示顾客到其他收银台结账_____

_____

_____

3.顾客兑换金钱管理

（1）若顾客以纸钞兑换纸钞的话，收银员是否婉言拒

绝_____

_____

_____

（2）如果有公共设施需要兑换小额硬币，是否向顾客说明到指定地点或总服务台兑换_____

_____

_____

4.收银员对商品的管理

（1）凡是通过收银区的商品是否都要求顾客付款结账

_____

_____

_____

（2）收银员是否熟悉商品价格_____

_____

_____

5.商品调换和退款的管理

（1）收银员是否熟悉退换货流程_____

_____

_____

（2）收银员接待退换货顾客，言行举止是否得体_____

_____

_____

6.结算作废的处理

（1）发生作废结算单，是否立即登记在作废结算单记录本上且有顾客的签名_____

_____

_____

（2）作废结算单记录本上是否有收银员和店长两人的
签名_____

_____

_____

## 步骤三：针对该超市收银员业务操作流程中的不足提出建议

### 一、漏洞查找

1.收银各项制度方面_____

_____

_____

2.收银操作流程方面_____

_____

_____

3.收银人员素质方面_____

_____

_____

### 二、提出意见

1.收银各项制度方面_____

_____

_____

2.收银操作流程方面_____

_____

_____

3.收银人员素质方面_____

_____

_____

**步骤四：形成文案进行汇报**

**一、实训报告**

_____

_____

_____

**二、汇报PPT**

_____

_____

_____

⦿ **案例讨论分析**

**案例一**

一顾客买了一套165元的化妆品，到收款台付了200元，收银员找回了35元。顾客觉得有些不对，便随口说了一句："错了，应该找45元，少找了10元。"收银员一听，脸色顿时不好看了，顶了一句："谁错了？你自己算算！"

讨论：

1.收银员出现收银错误时正确的做法应该是怎样的？

2.如何避免收银错误？

**案例二**

4月17日下午，开张仅十天的重庆"家乐福江北金观音店"一大批顾客突然向饮料货柜拥去，抢购1.25升装的百事可乐。但是，当顾客按每两瓶2元的价格付款时，收银员却不知所措。

事前，商场准备开展为期三天的特价酬宾活动，其中1.25升的百事可乐售价5元，同时赠送一听价值2元的天府可乐。为何顾客以为2元买2瓶可乐呢？原来，当天重庆某报上刊登了一则"家乐福"特价酬宾广告，在数十种商品中，"百事可乐"原价5元，现价买一赠一（2元）。由于广告有歧义，造成顾客理解与商家原意不符。

就在顾客与收银员为价格僵持不下时，"家乐福"江北店店长，法国人布拉松只说了一句话："尊重顾客的意愿。"

几十人上百人，一会儿就把500件百事可乐购买一空，商场马上调货补充，并调集保安人员维持秩序。最后为不影响整个商业环境的平衡，商场不得不每人限购两瓶，并在本市报纸上发出启事对原广告修正，才将问题圆满解决。

显然，金观音店卖出的百事可乐大大低于成本价。问及该店损失，布拉松却说："我不在乎利润的损失，我的宗旨是顾客满意为先。"

讨论：

1.请评价该店长的做法。

2.收银员遇到商品价格有异议时，正确的处理程序是什么？

## ○ 实训效果评价

门店收银员收银作业操作训练评价表，见表4-2。

表4-2　　门店收银员收银作业操作训练评价表

| 实训任务 | 考核标准 | | | | | |
|---|---|---|---|---|---|---|
| | 考核要素 | 评价标准 | 分值（分） | 评分（分） | | |
| | | | | 自评（10%） | 互评（30%） | 教师评（60%） |
| 企业调查 | 调研能力、合作能力、资料分析能力 | 做企业调查时收集资料用的方法、手段有科学性、实用性；信息收集具有完整性、代表性 | 30 | | | |
| 实地观察 | 观察能力、分析能力 | 详细记载企业收银员收银时各种情况的环节、细节；对出现的不合理行为能有判断能力 | 45 | | | |
| 总结汇报 | 资料分析能力、写作能力、团队合作能力 | 正确提交企业收银员业务操作的过程及其出现的不足，针对问题提出建设性意见；制作图文并茂、内容翔实的PPT并撰写实训报告 | 25 | | | |
| 合计 | | | | | | |

评语

# 实训项目五
# 连锁门店商品管理实训

## 实训任务一　商品促销策划训练

### ◎ 实训任务分解

1.选定任意项目进行促销策划。

2.根据选定项目进行促销计划的编写。

3.完成小组实训报告。

### ◎ 能力目标要求

1.能了解促销活动的操作流程。

2.能设计促销计划并实施。

### ◎ 实训情境设计

店长应将门店日常经营中反馈回来的商品信息，以及带有共性的影响销售的客观因素加以综合分析，慎重考虑和周密计划之后，制订统一的促销方案去具体实施。

李刚担任店长的这家超市经营了快10个年头了。10年来，门店经过多次装修，扩大经营面积至2 000平方米，商品种类日益丰富，但同时周边的竞争也日趋激烈。李店长想通过10周年店庆搞一系列的促销活动，一方面稳定老顾客；另一方面扩大影响力，吸引更多的新顾客到店消费。

请问：李店长要如何操作此次促销活动，编制并实施促销计划？

## ◎ 实训要点指导

### 一、促销策划的概念

促销策划是指运用科学的思维方式和创新精神，在调查研究的基础上，根据企业总体营销战略的要求，对某一时期各种产品的促销活动作出总体规划，并为具体产品制订详细而严密的活动计划，包括建立促销目标、设计沟通信息、制订促销方案、选择促销方式等营销决策过程。

### 二、常见的促销手段

（一）降价促销

降价式促销就是将商品低于正常的定价出售。其运用方式最常见的有库存大清仓、节庆大优惠、每日特价品等方式。

1.库存大清仓

以大降价的方式促销换季商品或库存较久的商品、滞销品等。

2.节庆大优惠

新店开张、逢年过节、周年庆时，是折扣售货的大好时机。

3.每日特价品

由于竞争日益激烈，为争取顾客登门，推出每日一物或每周一物的特价品，让顾客用低价买到既便宜又好的商品。低价促销如能真正做到物美价廉，极易引起消费者的"抢购"热潮。

（二）有奖促销

顾客有时总想试试自己的运气，所以"抽奖"是一种极有效果的促销活动。因为，抽奖活动一定会有一大堆奖品，如电视机、洗衣机等，这样的奖项极易激起消费者参与的兴趣，可在短期内对促销产生明显的效果。通常，参加抽奖活动必须具有某一种规定的资格，如购买某特定商品，购买某一商品达到一定的数量，在店内消费达到固定金额，或回答某一特定问题答对者。另外，需要注意的是，办抽奖活动时，抽奖活动的日期、奖品或奖金、参加资格、如何评选、发奖方式等务必标示清楚，且抽奖过程需公开化，以增强消费者的参与热情和信心。

（三）打折优惠

一般在适当的时机，如节庆日、换季时节等打折以低于商品正常价格的售价出售商品，使消费者获得实惠。

1.设置特价区

设置特价区就是在店内设定一个区域或一个陈列台专门销售特价商品。特价商品通常是应季大量销售的商品或为过多的存货，或为快过保质期的商品，或为外包装有损伤的商品。注意不能鱼目混珠，把一些变质损坏的商品卖给顾客，否则，会引起顾客的反感，甚至会受到顾客投诉。

2.节日、周末大优惠

在新店开业、逢年过节或周末，将部分商品打折销售，以吸引顾客购买。

3.优惠卡优惠

向顾客赠送或出售优惠卡。顾客在店内购物，凭手中的优惠卡可以享受特别折扣。优惠卡发送对象可以是由店方选择的知名人士，也可以是到店购物次数或数量较多的熟客，出售的优惠卡范围一般不定，这种促销目的是扩大顾客群。

4.批量作价优惠

消费者整箱、整包、整桶或大批量购买商品时，给予价格上的优惠。这种方法一般用在周转频率较高的食品和日常生活用品上，可以增加顾客一次性购买商品的数量。

（四）竞赛促销

竞赛式促销是融观赏性与参与性为一体的促销活动，由比赛来凸显主题或介绍商品，除了可打响商品的知名度以外，更可以增加销售量，如喝啤酒比赛等。此外，还可举办一些有竞赛性质的活动，如卡拉OK比赛等，除了可以带动卖场购物气氛之外，也可借此增加顾客对零售店的话题，加深顾客对零售店的印象。

（五）免费试用

在促销之时，零售店可以在比较显眼的位置设专柜，免费品尝新包装、新口味的食品。非食品和其他新商品实行免费赠送、免费试用，鼓励顾客使用新商品进而产生购买欲望。例如许多连锁百货店设有美容专柜，免费为试用新品牌化妆品的顾客做美容。国外零售店的香水柜台也常常进行免费试用。

（六）赠送促销

想吸引顾客持续购买，并提高品牌忠诚度，积点赠送是一种非常理想的促销方式。这一促销活动的特色是消费者要连续购买某商品或连续光顾某零售店数次后，累积到一定积分的点券，可兑换赠品或折价购买。

（七）赠送促销

赠送促销是在店里设专人对进店的消费者免费赠送某一种或几种商品，让顾客现场品尝、试用。这种促销方式通常在零售店统一推出新商品时或老商品改变包装、品味、性能时使用，目的是迅速向顾客介绍和推广商品，争取消费者的认同。

（八）展览和联合展销式促销

在促销时，商家可以邀请多家同类商品厂家，在所属分店内共同举办商品展销会，形成一定声势和规模，让消费者有更多的选择机会；也可以组织商品的展销，比如销售多种节日套餐等等。在这种活动中，通过各厂商之间相互竞争，促进商品的销售。

**三、促销策划书的概念**

促销策划书是企业在进行产品或服务的销售之前，为使销售达到预期目标而进行的各种促销活动的整体性策划文书。撰写促销策划书时必须对市场进行分析和预测，在这一部分不能只谈市场的优势而忽略对劣势方面的考虑与分析。

## 四、促销策划书的撰写原则和写作要求

### （一）撰写原则

#### 1.目标明确

在促销策划阶段，需要首先为促销活动确定一个明确的目标。同样，在促销策划书中，也应将促销活动要达到的总体目标明确地表示出来。明确的目标将有助于统一所有参与人员的认识，达到行动方向上的一致。

#### 2.分工协作

促销策划书还应将各项促销要素的分工协作体现出来。例如，促销方案中的不同方法与媒介的各自优势和目标，每个工作小组的职能、目标和工作程序等，都体现了不同要素之间的分工协作。也就是说，促销策划书同时还是有机联结各项促销要素，以达成统一目标的指导性文件。

#### 3.方案审核

清晰明确的计划方案是成功实施促销活动的基本前提。因此，运用一定的方法对促销方案进行严格审核，能够进一步明确行动计划，避免和减少可能发生的差错。具体的审核方法有：明确每一项作业之间的关联性和前后衔接；将同时进行的作业在一张图表内表示出来；明确每项作业的截止日期；明确每项作业的延迟对整体计划的影响程度以及防止延迟等。

（二）写作要求

（1）封面。策划书的封面应含有策划书的名称、文号、密级、策划组织名称和日期等。其中，名称应具体、明确、完整、规范，例如"2015年8月××公司有奖征文设促销活动策划书"。密级是指策划书的秘密等级，促销策划书通常属于企业的核心商业机密，如果其商业活动计划被竞争对手事先掌握，势必对企业实施整体营销战略和达成阶段性营销效果带来重大不利影响。因此，策划书应标注"秘密""机密""绝密"等字样，同时严格限制非核心人员接触策划书。

（2）目录和摘要。在策划书的内容较多时，应加上目录，以方便读者阅读。摘要是对策划书正文的概括性说明，读者可以从摘要中了解促销活动的大致思路和内容。

（3）正文。策划书正文包括一系列项目，详见本节"促销策划书正文主要项目"的介绍。

（4）附录。附录包括创意、脚本、宣传文案、促销调查原始资料、策划参考文献、数据来源以及其他需要注明的问题。

（三）行文风格

1.简浩明了

把问题讲清楚即可，尽量删除不必要的文字，切忌有意卖弄文字。

2.表述准确

策划书涉及的概念、表述、数据、结论等一定要准确，只有准确表述才使读者觉得可行。

3.逻辑清晰

策划书的写作，既要讲求文章结构的逻辑清晰，又要讲求专业策划思路的逻辑清晰，否则策划书就会显得结构混乱，没有说服力。

4.方便阅读

策划书还应通俗易懂，不应故弄玄虚。同时，文中的关键点应以适当的方式加以强调，如加着重号或变换字体等，以便读者更好地理解策划思想和内容。

5.以理服人

无论促销策划书中包含多少创作灵感，都不宜以情动人，而应以理服人。策划的思路、运用的方法、决策的要求都必须是理性的，并且应采用归纳法来表述观点，不提倡用推论、演绎的方法提出观点。

6.运用图表

图表比文字更加直观、形象、表现力强，因此，尽量使用各种图表，以提高策划书的表达力和说服力。

**五、促销策划的程序与内容**

激烈的市场竞争使得促销的重要性日趋凸显，已经成为提高消费者对品牌的关注程度、促进销售增长的关键工具。然而在促销同质化的大背景下，促销的创新已经越来越困难了，事前的管理控制和执行力的提高将成为新的竞争焦点。促销活动的策划、执行、评估三个阶段是一个有机的系统。

（一）促销活动策划

促销策划包括促销调研、确定促销目标、制定促销预算、制订促销实施方案等一系列内容。

1.促销调研

为了使促销活动达到预期的目的，在促销活动开始前，超市需要针对促销商品进行促销调研。超市商品促销调研的方式很多，常见的有以下几种：

（1）典型调查。根据不同的个体中存在的共同点将事物分成不同的类别，再对该类别中具有代表性的对象进行调查的方式就是典型调查。典型调查的结果大致能够代表这一类对象的情况，从而推及一般，这样就大大缩小了调查的范围，不仅减少了调查时的人力、物力和财力的投入，而且省时省力。但典型调查不够准确，因此，一般用于调查样本不大，而调查者又对总体情况比较了解，并能比较准确的选择有代表性调查对象的情况。

（2）抽样调查。从整体中抽取具有一定代表性的样本，进行调查的方式就叫抽样调查。这种方法最适用于连锁超市的商品调查，因为它能够从个别推断整体，具有较高的准确性。等距离抽样、随机抽样、非随机抽样是抽样调查的三种具体方式。

（3）问卷调查。以问卷的形式对顾客进行书面调查的方式就叫问卷调查，多用来收集用其他方法难以获得的信息。问卷调查不受时间、地点的限制，能够在较大的范围内进行，因而是最实用的调研方法。

（4）当面谈话。派遣调查员与消费者进行面对面的谈话调查，了解消费者的实际需求，为超市的商品促销活动获取各方面信息的方式就叫当面谈话。这种方式易于了解顾客的动机，激发谈话者的兴趣，节省时间和金钱，并获取更加可靠的信息。但是，也有许多不足之处，比如说，要求投入的人力、物力较多；仅采访个别消费者，不具有代表性；不易打开交谈局面，不便于深入探究原因；部分消费者没有机会发表自己的意见等，这些不足使超市很难了解全面的信息。

2.确定促销目标

门店的促销目标就是通过各种有效的促销工具通知、劝说和提醒顾客，从而提高业绩，增加销售。某一项具体促销目的可根据顾客认知情况归纳为：

（1）使顾客获得最初的消费认知。

（2）提高顾客的兴趣。

（3）提高商品在顾客心目中的地位。

（4）赢得顾客关注。

（5）消除产品不良印象，或增强现有印象。

（6）提高回头购买率及忠诚度。

（7）抵消其他竞争对手的影响力。

在确定某项促销活动的具体目标时，管理者必须确定以上目标中哪些是最重要的。由于每一具体促销目标与不同的促销方式相对应，零售商店在开展实施每次促销活动之前，有必要清楚地阐明自己的目标，以选择促销类型、媒体及所传递的信息。

目标必须尽可能准确地描述，如增加商店的销售额就不是一个明确的目标，将销售额增加20%这样的目标才是有指导意义的、定量的、可测的。只有确立了这样的目标，商店才能设计精确的促销计划，并评估其成功的可能性。

3.制定促销预算

（1）销售百分比法。该法以目前或预估的销货额为基准乘以一定的百分比作为促销预算。

（2）量入而出法。该法是以地区或公司负担得起的促销费用为促销预算，即将促销预算设定在公司所能负担的水平上。以该方法决定预算，不但忽视了促销活动对销售量的影响，而且每年促销预算多寡不定，使得长期的市场规划难以制订。

（3）竞争对等法。该法以主要竞争对手的或平均的促销费用支出为促销预算。公司留意竞争者的广告，或从刊物和商业协会获得行业促销费用的平均水平，然后依行业平均水平来制定预算。采用这种方法的优点包括：①竞争者的预算代表整个行业智慧的结晶；②各竞争者若互相看齐，可以避免发生促销战。但公司没有理由相信竞争者能以更合理的方法为其决定促销费用。各公司的情形都不尽相同，其促销预算无法被别的公司所效法，因此以竞争者看齐的方式编列促销预算并不能真正防止爆发促销战。

（4）目标任务法。促销预算是根据营销推广目的而决定的，营销人员首先设定其市场目标，然后评估为达成给项目所需投入的促销费用作为其预算。目标任务法是最合逻辑的预算编列法。以目标任务法编列促销预算，必须做到：①尽可能明确地制定促销目标；②确定实现这些目标应执行的任务；③估计执行这些任务的成本，成本之和就是预计的促销预算。目标任务法能使管理者明确费用多少和促销结果之间的关系，然而它却是最难实施的方法。因为通常很难算出哪一个任务能完成特定目标。

另外，应特别注意的是，许多促销效果是累积性的，必须到一定的程度才能发挥应有的效果。如果促销费用忽上忽下或发生中断，都会使促销效果不大无法延续，还可能会打击内部士气，甚至会引起经销商或零售商的反感。

4.制订促销实施方案

（1）促销主题。现在许多商店每举办一次促销活动，往往会寻找一种"借口"，或称促销主题，这样更容易赢得顾客的好感，使之了解促销的原因。大多数商店使用节日作为促销的主题，当然，商店也可以别出心裁，选择一些其他商店没有使用过的主题，以期一下子抓住顾客的眼球。促销主题往往具有画龙点睛的震撼效果，因此必须针对整个促销内容，拟定具有吸引力的促销主题。

（2）选择促销时机。大多数消费者属于冲动购买型，他们的购买计划往往侧重于购买次数和时间选择方面，而对于购买性能，他们考虑得很少。因此，如何在特定时期或时段，配合不同的季节和节日、气候等客观情况，安排促销活动，刺激消费者的购买需求，改变消费者的购买习惯，是超市经理设计促销计划时应考虑的问题。超市经理在选择促销时机时应注意以下几点：

①季节。季节变换是自然现象，四季的划分又因地理位置的不同而有所差异，低纬度或高纬度地区四季变化不太明显，一般只分冷暖两季。每季的时间长短也不相同。如果连锁门店经理能把握住当地的气候特性，掌握消费者需求，进而搭配合适的促销活动，就能让促销效果更上一层。

②月份。消费者的购买行为呈现出明显的淡、旺季之分，一般3月、4月、5月及11月是需求的淡季，在此时做好促销工作对超市盈利有大影响。为使淡季不淡，连锁门店的促销活动要能针对营业淡季的特色，提出有创意的促销点子，刺激消费者的需求动机，而不只是一味地追求商品折扣。这样才有助于业绩的提升。而在需求旺季如何做好促销活动，吸引消费者买得更多，以弥补淡季的不足，也是促销计划时应考虑的因素。

③天气。连锁门店营业额的高低与天气好坏有着密切的联系，一旦遇到天气差，消费者就少，销售额往往会减少。因此，在天气不稳时，如何为消费者提供合适的商品并适时配以舒适的购物环境，也是促销计划中应考虑的因素。

④日期。受购买力与购买习惯的影响，一般来说，消费者在月初的购买力比月末强，而周六、周日的购买力比平日强，所以，超市促销活动受日期的影响也不小。比如说，在双休日，消费者的闲暇时间很多，就会有时间逛街，这时就要加大促销的力度来吸引消费者，而平时则以

省时、省力为重点。

⑤节日。连锁门店创造营业额的最佳时机应该算是各个重要的节日，各连锁门店要掌握时机，争取扩大销售。所以，节日的促销计划也属于超市促销计划重点考虑的内容。在我国主要的节令可以分为三类：一是国定假日，如春节、劳动节、清明节、端午节、国庆节、中秋节等；二是非国定假日，如情人节、圣诞节等；三是民俗节令，如元宵节等。善于利用节假日做促销，是现代超市促销活动的一大亮点。

⑥气温。连锁门店中各类商品的销售量受气温的影响也很大：气温低时，火锅、熟食类商品销售量明显上升；气温高时，饮料、冷冻类商品的销售量立即提高。如果超市能掌握气温的高低变化趋势，适时推出促销商品及活动，必能有助于提高销售业绩。

（3）促销商品

任何促销活动的目的都离不开销售量的增加，因此选择什么商品作为促销载体也是门店促销活动的关键。促销商品是否对顾客有吸引力，价格是否有诱惑力，都将直接决定促销活动的成败。商店选择促销商品时，可以选择一些敏感型的商品和不太敏感的商品组成促销商品组合。这综合需要考虑季节的变化、商品销售排行榜、厂商的配合度、竞争对手的状况等来加以衡量，选择最适合的促销商品。

（4）促销宣传

连锁门店虽然策划了一项大型促销活动，但目标顾客如果对此一无所知，那就毫无效果，因而采取一些宣传手段，尽可能让顾客知晓促销内容是十分必要的。促销宣传的方式主要有：媒体广告、直邮广告、卖场海报、人员宣传、派发传单等。

（5）促销方式

连锁门店可以选用的具体促销方式有很多。促销活动林林总总，商店必须选择合适的促销手段和方式，才能避免走进纯粹的价格促销循环。促销手段各有其特点和适用范围，在选择促销方式时要考虑如下因素：促销目标、商店类型及竞争环境、费用预算。

（二）促销活动实施

一项促销活动若要成功，除了要有周密的计划、正确的宣传媒体以及能打动顾客的诉求主题与促销商品外，最重要的因素还在于商店各岗位的执行配合，使促销活动活跃、热闹。因此，实施促销活动要注意以下方面：

1.人员方面

制定有效的措施和程序，加强对促销人员的培训，是连锁门店促销的当务之急。如果促销人员的业务素质不高，将给企业的促销带来浪费，而且普通促销人员和高效率促销人员在业务水平上也有很大差异，这将极大地影响促销活动的效果。一个成功的促销人员能顺利地与消费者沟通，这需要自身具有多方面的素质，其中包括服务意识、运筹能力、应对能力和熟练业务能力。

2. 商品方面

在商品管理方面要注意：

①要准确预测促销商品的销售量并提前进货。促销商品必须充足，以免缺货造成顾客抱怨及错失促销机会。

②促销商品价格必须及时调整，以免使顾客产生被欺骗的感觉及影响收银工作的正常进行。

③新产品促销应配合试吃、示范等方式，以吸引顾客消费，以免顾客缺乏信心不敢购买。

④商品陈列必须正确且能吸引人，除了在促销活动中必须做的各种端架陈列和堆头陈列外，还要对陈列做一些调整，以配合促销获得达到最佳效果。如促销商品和高毛利非促销商品必须有效组合、关联陈列，以提高顾客对非促销商品的关注。

3. 广告宣传方面

在宣传方面必须注意：

①确认广告宣传单均已发放完毕，以免留置在卖场中而逾期作废。

②广告海报、宣传布条等应张贴于最佳位置，如入口处或布告栏上，以吸引顾客进店采购。

③特卖品的广告应放置在正确位置，价格标识应醒目，以吸引顾客购买。

4. 卖场氛围布置

卖场氛围可以根据促销活动进行针对性的布置，张贴各种季节性、商品说明性、气氛性的海报、旗帜、气球等物品以增加促销气氛，同时应辅之以各类商品的灯具、垫子、搁物板、模型等用品以更好地衬托商品，刺激顾客的购物兴趣。适当时可以播放轻松愉快的背景音乐，使顾客感觉更舒适。必要的话也可以适当安排专人在卖场直接促销商品。

（三）促销效果评估

促销效果评估包括事前评估、事中评估和事后评估。评估方法包括前后比较法、市场调查法和观察法。企业在实施评估时，要确定评估目标，制定评估策略，执行评估方案，注意评估周期，建议采取短期、中期相结合的方法，保证效果评估合理、公平，做好促销费用的计算。

1.评估顺序

事前评估是促销计划实施前进行的调查预测，用来评估该计划的可行性和有效性。事中评估主要采取消费者调查形式来了解促销活动进行期间的消费者动态（如参与者数量、购买量、重复购买率等）、参与活动的消费者结构、消费者意见（包括动机、态度、建议、要求与评价等）。事后评估则是通过比较促销前后产品知名度、认知度、销售量、销售额等变化来评价其实际效果。

与其他营销活动一样，企业的促销活动同样需要进行评估。因为企业要保证促销活动按计划、高效率地进行，保证促销工作长期地开展。所以，要对每一次促销活动进行评估，从而总结经验，寻找不足之处，为企业改进促销工作提供依据，也为企业今后的促销工作提供宝贵的经验。

（1）事前评估

所谓事前评估就是指促销计划正式实施之前所进行的调查测定活动。其目的在于评估该计划的可行性和有效性，或在多个计划中确定出最佳的方案。事前评估主要有征求意见法和试验法两种方法。

（2）事中评估

事中评估就是在促销活动进行过程中对其效果进行评估，具体方法是消费者调查。调查内容分三个方面：

①促销活动进行期间消费者对促销活动的反应，可以通过现场记录来分析消费者参与的数量、购买量、重复购买率、购买量的增幅等。

②参与活动的消费者结构，包括新、老消费者比例；新、老消费者的重复购买率；新消费者数量的增幅等。

③消费者意见，包括消费者参与动机、态度、要求、评价等。

综合上述几方面的分析，就可大致掌握消费者对促销活动的反应，客观评价促销活动的效果。

（3）事后评估

事后评估就是在促销活动告一段落或全部结束后对其产生的效果进行评估。常用的方法有比较法和调查法。

①前后比较法。前后比较法是在开展促销活动之前、

之中和之后三段时间的销售额（量）进行比较来测评效果。这是最常用的消费者促销评估方法。促销前、促销期间和促销后产品的销售量变化会呈现出几种不同的情况，说明促销产生了不同的效果。

②市场调查法。这是一种企业组织有关人员进行市场调查分析确定促销效果的方法。这种方法比较适合于评估促销活动的长期效果。它包括确定调查项目和调查法的实施方式两方面内容。

## ◯ 实训操作步骤

门店商品促销策划训练步骤如图5-1所示：

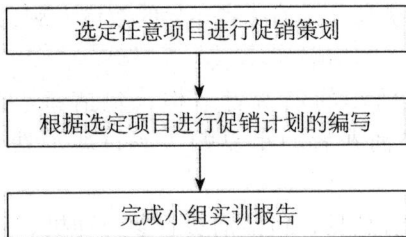

```
┌─────────────────────────────┐
│      选定任意项目进行促销策划      │
└─────────────────────────────┘
              │
              ▼
┌─────────────────────────────┐
│    根据选定项目进行促销计划的编写   │
└─────────────────────────────┘
              │
              ▼
┌─────────────────────────────┐
│        完成小组实训报告          │
└─────────────────────────────┘
```

图5-1　门店商品促销策划训练步骤

**步骤一：各团队选择以下任一项目进行促销策划**

**一、某某品牌空调（或电视、洗衣机等）国庆节卖场促销**_____

_____

_____

**二、某某品牌洗发水（或洗衣粉、牙膏、香皂等）新**

产品上市，针对消费者的卖场促销_____

_____

_____

三、某超市端午节粽子促销_____

_____

_____

四、其他项目（学生自选）_____

_____

_____

### 步骤二：根据选定项目进行促销计划的编写

**一、做好准备工作**

1.团队分工_____

_____

_____

2.确定项目_____

_____

_____

3.确定日程_____

_____

_____

**二、编写策划书**

1.明确促销的目的或必要性_____

_____

_____

2.进行市场状况的分析_____

_____

_____

3.设计促销目标_____

_____

_____

4.促销的策略组合设计_____

_____

_____

5.行动方案或具体活动安排_____

_____

_____

6.促销预算_____

_____

_____

7.撰写促销策划书_____

_____

_____

（1）封面_____

_____

_____

（2）目录和摘要_____

_____

_____

（3）正文_____

_____

_____

（4）附录_____

_____

_____

8.方案试验_____

_____

_____

9.实施和控制策划方案_____

_____

_____

10.评价促销推广结果_____

_____

_____

**步骤三：完成小组实训报告**

**一、促销策划书**_____

_____

_____

**二、汇报 PPT**_____

_____

_____

## ◎ 案例分析讨论

### 案例一

广州百佳超市隶属于香港百佳超市集团，具有丰富的经营经验，目前在广州有10多家连锁门店。百佳超市一贯注重开展促销活动，其促销活动分为两类：一类是长期例行性促销；一类是短期主题性促销。百佳将5月定义为"欢笑月"，围绕"家庭欢乐"的主题，进行了一系列促销活动，下面对几个主要促销活动进行简要介绍。

"圆满百佳梦"是"欢乐月"推出的主要促销活动，活动内容：顾客凡一次性购满58元，即可获赠"百家梦想卡"一张，经过抽奖有机会实现家庭梦想。家庭梦想包括：a.3 000元；b.1 500元；c.500元；d.200元。

"快乐绘画比赛"也是"欢乐月"推出的另一项主要促销活动，凡参加本次比赛的均有机会获双重丰富大奖。一重奖：所有参赛小朋友都可以获得精美礼物一份；二重奖：分别评选出一、二、三等奖，一等奖是价值200元精美文具用品，二等奖是价值100元精美文具用品，三等奖是价值50元精美文具用品。

"长途电话卡免费派送服务"，这是百佳与润迅联合搞的一次赠品活动，活动内容是：凡一次性购满68元的顾客可免费获得价值10分钟的长途电话卡一张。

"5元现金券"，活动内容：凡一次性购满68元，即可送一张5元现金券，购满136元，可获两张现金券，每张小票最多只可以送2张。

"宝洁百佳联合促销",这是百佳与宝洁公司的一次联手促销活动,活动内容有两大项:一项是特价促销;另一项是"买就送"促销活动。

讨论:

1.百佳超市"欢笑月"主题促销包括哪些具体促销方式?

2.试分析这些促销方式的可能效果。

**案例二**

4月初,长虹店企划部将五一期间的促销活动方案报给店长审批,其中有一项是他们准备在五一期间做一次凭劳模证领取一份蛋糕的活动,为期两天,经过企划部门的估算,费用应该在5 000元/天,店长经过研究同意此促销方案。

企划部全力着手实施,在报纸、DM海报、POP海报上登出广告,并与采购部沟通,请蛋糕房每天做出500份蛋糕,营运部也安排了相应的人员来配合开展活动。可就在促销第一天,持劳模证来领蛋糕的人多达1 000多人,蛋糕店做的蛋糕根本不够发,店长为维护商店的名誉特地从其他超市买来500个蛋糕做派送。促销实施后经过核算,此次促销的费用为15 000元/天,大大超出前期预算。

讨论:

1.请对此次促销活动进行评价。

2.此次促销活动超出预算的原因是什么?采取什么样

的措施会更好?

## ◯ 实训效果评价

门店商品促销策划训练评价表,见表5-1:

表5-1　　　　门店商品促销策划训练评价表

| 实训任务 | 考核标准 | | | | | |
|---|---|---|---|---|---|---|
| | 考核要素 | 评价标准 | 分值(分) | 评分(分) | | |
| | | | | 自评(10%) | 互评(30%) | 教师评(60%) |
| 选定项目 | 资料查找能力、团队合作能力 | 能合理分工,制订工作计划;收集资料时使用的方法、手段具有科学性、实用性;信息收集具有完整性、代表性 | 25 | | | |
| 撰写策划书 | 观察能力、分析能力 | 促销策划的程序、主题及具体的内容形式;掌握促销活动方案的策划 | 45 | | | |
| 总结汇报 | 资料分析能力、写作能力、团队合作能力 | 正确提交促销策划书,制作图文并茂、内容翔实的PPT | 30 | | | |
| 合计 | | | | | | |

评语

---

## 实训任务二　商品销售技巧训练

### ◎ 实训任务分解

1.掌握接待顾客的步骤及注意事项。

2.分组进行角色演练，实地展示接待顾客及销售的技能。

3.小组之间互评，指出各自的不足之处及给出意见。

4.撰写实训报告。

### ◎ 能力目标要求

1.能够制订并实施销售计划。

2.能够掌握销售商品的技巧。

### ◎ 实训情境设计

家家乐大卖场近期调整了商品结构目录，跟新的供货商签订了合同，采购了新产品，希望通过这些改善商品结构，吸引更多年轻人和学生进店消费。马店长深知，开店的最终目的是获利，就是要把商品卖出去。商品销售管理是一项十分繁琐而复杂的工作，工作重点就是要找到影响店铺业绩的根本原因，发挥员工积极性，鼓励他们更多参与销售，运用各种销售技巧，提高交易成功率。小白是某高校的连锁专业毕业生，店长将这项艰巨的工作交给了他。要求他对店员进行一次全方位的商品销售技巧的培训。

请问：小白应该从哪里着手？

## ◎ 实训要点指导

### 一、门店柜台销售服务的指导原则

从广义上来说，零售业的服务包括商品、服务、环境三个方面，要求做到"优质商品、优质服务、优美环境"三优服务。下面着重分析狭义的服务，即人的服务，也就是劳务方面的服务。服务工作的指导原则有四项：

（1）树立热爱本职工作的思想，正确认识工作职责与价值。

（2）树立"顾客是衣食父母"的思想。

（3）树立代表企业的思想。

（4）树立依法经营，维护消费者合法权益的思想。

### 二、柜台销售人员的要求

（一）柜台销售人员的必备素质

柜台销售人员的工作就是通过自己的知识和技能来提高商品的销量，任何一位销售人员的业绩都是由三个方面

的因素来决定的，那就是态度、知识和技巧，如图 5-2
所示：

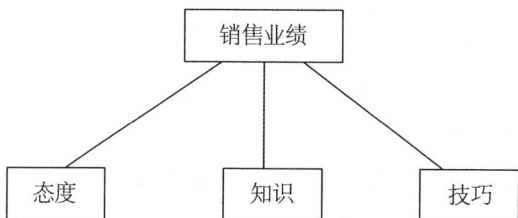

图 5-2　决定销售业绩的三个方面

很多柜台销售人员往往注意了态度和知识，却忽略了
技巧的提升。

1.态度

态度即柜台销售人员对工作的看法，是判断销售人员
是否全身心地投入到这项工作中的标准。柜台销售人员的
工资是底薪加提成，这种工资结构极大地激发了他们对工
作的热情态度，销售人员往往会为了销售提成而不遗余力
地去推销商品，但是销售人员的态度一定要把握尺度，急
功近利的过度热情是不可取的。

2.知识

知识是指柜台销售人员对所售商品的专业知识。很多
公司培训促销员时，都会涉及十分丰富的商品知识。例如
商品的产地、结构、功能、给顾客带来的好处等等，可以
说每一个环节都经过了严格的培训。促销员对于商品的专
业知识一般并不缺乏，在销售人员的知识体系中需要增加
的是如何更好地站在顾客的角度上去思考、介绍商品、掌

握顾客的心态和目的。

3.技巧

技巧就是在生活或工作中表现出来的专业行为，是目前柜台销售人员最欠缺的一项。对于众多直接面对顾客的柜台销售人员来说，他们的一举一动都将给顾客留下非常直观的印象。

对于柜台销售人员来说，要想提高自己的业绩，最需要提升的就是专业行为，也就是专业的柜台销售技巧。顾客只有在心情愉快、轻松的情况下才有可能购买商品，所以不要在顾客刚走近柜台，还没有来得及挑选喜欢的商品时给他们太多的压力。

（二）营业员柜台接待顾客的步骤

营业员柜台接待顾客的步骤如图5-3所示：

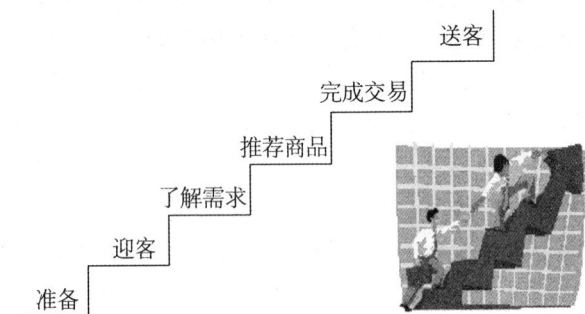

**图5-3 营业员柜台接待顾客的步骤**

1.准备阶段

准备阶段通常在商场还没有开门时就已开始进行。柜台销售人员通常都要比商场开门时间提前半个小时来到商场做准备工作，准备工作要从3个方面进行：

（1）自己

为了能以更专业的形象给顾客留下好的深刻印象，销售人员要注意个人的穿着以及打扮，要保持良好的精神状态和积极的工作态度，把最好的一面呈现给顾客。

（2）商品

销售人员要准备柜台上的商品，使商品能够更加吸引顾客。

①将商品擦拭一新，一尘不染的商品更能吸引顾客的注意力。

②注意商品摆放的角度和高度——将商品摆放在顾客更容易注意到的显眼之处，能更多地吸引顾客的目光。

（3）环境

注意柜台周边的环境，销售人员应站在顾客的角度体会一下对柜台的整体感受。例如：灯光是否足够明亮、商品是否摆放整齐、私人物品是否放在顾客看不到的角落等。每天可以做一次自检，见表5-2。

2.迎客阶段

（1）用微笑迎接顾客

销售人员要用微笑来迎接顾客，而不能迫不及待地走上去迎接顾客，更不能追问顾客买什么，从而给顾客造成一种心理压力。很多时候，销售人员用一个微笑就能够传递给顾客关注和迎接的信息，通过这种目光交流，表示销售人员已经看到了顾客，随时愿意为他提供服务。在迎接顾客阶段不能给顾客带来压力，否则顾客将会没有心思注

表 5-2 **自检表**

回顾每天的销售准备阶段，在下列各项指标中有待提高的项目后打"√"，并进行自我总结。

| | | | |
|---|---|---|---|
| 销售准备<br>阶段 | 自己 | 着装 | ☐ |
| | | 形象 | ☐ |
| | | 精神状态 | ☐ |
| | 商品 | 将商品擦拭一新 | ☐ |
| | | 注意商品摆放的角度和高度 | ☐ |
| | 环境 | 柜台灯光 | ☐ |
| | | 产品摆放整齐度 | ☐ |

自我总结：

意商品，而是考虑如何摆脱柜台销售人员的询问，甚至是纠缠。

在迎接顾客阶段，销售人员会给顾客留下第一印象。据科学统计：当一位陌生人出现在人们面前时，产生第一印象只需40秒钟的时间，而良好的第一印象可以持续10分钟，不好的第一印象至少会持续7分钟。如果顾客对销售人员产生了良好的第一印象，这种感觉就会持续10分钟，这段时间足够销售人员来推销商品；如果产生了不好的印象，就意味着失去了向这位顾客推荐商品的机会。

（2）迎客阶段的步骤

①友好地与顾客打招呼。用微笑与顾客打招呼，目的是向顾客传达一种愿意为他服务的意愿，千万不要给顾客太大的压力。

②让顾客能够置身于商品中。销售人员挡在顾客之前，会让顾客只注意了销售人员而忽视了商品，所以一定要让顾客轻松自由地置身于商品中，自由地去选择他所喜欢的商品。

③初次接触时，要注意私人空间。在欢迎阶段，一定要注意与顾客保持适当的距离。通常陌生人之间的社交距离应该是1.2米，这样不会对顾客产生压力。

④第二次接触可采用主动法或选择法。当顾客对某一种商品产生了兴趣时，销售人员才可以主动为顾客介绍商品。通常，当顾客长期停留在某一个商品面前时，或者当顾客用目光或者用语言示意销售人员介绍商品时，说明顾客对这种商品产生了比较浓厚的兴趣，这时销售人员可以适时地上前为顾客介绍商品。

⑤如有异议，简单呈现商品，与顾客保持社交距离。如果顾客对商品产生了一定的异议，销售人员可以简单地介绍一下商品，但是一定要注意，与顾客保持适当的社交距离。

⑥从始至终保持微笑。很多顾客走近柜台只是为了了解商品信息，并不会购买商品，如果顾客并没有长期停留在某种商品面前，也没有要求销售人员介绍商品时，销售人员可以不做任何事情，微笑着看着顾客，让顾客尽情地

去自由选择商品。

（3）准顾客资格分析

准顾客资格分析可以帮助销售人员判断哪些走过柜台的顾客最有可能购买商品，哪些顾客购买商品的可能性非常小。最有可能购买商品的顾客，要具备3个条件：

①有钱。有钱即有支付能力。随着时代的变化，判断顾客支付能力的依据也已经发生了越来越大的变化，以前可以通过着装来判断顾客的支付能力，但是现在，用这样的方法判断一个人的支付能力已经越来越不准确了。现在往往通过顾客穿着的服装品牌和佩戴的饰物，通过观察顾客的个人修养，来判断他是否有足够的支付能力。

②有权。有权即有决策的权力。在买一件商品时，特别是当商品的价格高到一定程度时，一个家庭中并不是每一个人都有权力决定买哪个商品。有的是太太做决定，有的是先生做决定，还有的是长辈做决定。这时作为柜台销售人员，就要分析在这个家庭中谁是最终做决策的那个人。

③有需求。有需求即对商品有需求。在柜台销售的过程中，经常会遇到这样的情况，销售人员向一位顾客介绍了很多关于商品的信息，而顾客却说"对不起，我还没打算购买"。这样销售人员的很多劳动没有得到相应的回报，所以判断顾客的需求也是判断准顾客的一个非常重要的条件。准确地判断准顾客可以使推销工作更加有的放矢，提高工作的成功率。

3.了解需求阶段

柜台销售的第三个阶段就是了解顾客需求的阶段，用提问的方式了解顾客的需求和相关信息，再有针对性地去推荐商品。在此过程中要注意提问的方式，应尽量采用开放式的提问方式，以获取更多的信息。在了解顾客需求时要注意需求、需要、欲望这三个概念。引导性提问可以帮助销售人员将顾客的欲望引导到所要销售的商品上，从而达到销售目的。

对销售人员来说，了解顾客需求是销售过程中最重要的一个阶段。

（1）了解顾客需求的好处。

在专业销售过程中，不论是柜台销售，还是面对面销售，其流程大体一致，如图5-4所示：

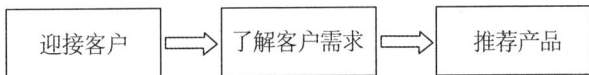

迎接客户 ➡ 了解客户需求 ➡ 推荐产品

**图5-4 销售流程图**

如果销售人员把了解顾客需求和推荐商品这两个阶段颠倒过来，往往事倍功半。了解顾客需求，可以针对顾客需要的商品进行重点介绍，避免把商品依次介绍，使得顾客失去耐心而离开。

（2）了解顾客需求的方法。

运用ROPE技巧掌握顾客需求。

①调查研究（Research）。根据调查研究，不同年龄或不同性别的顾客，对商品会有不同的需求。例如，对于

冰箱，年龄偏大的顾客一般常会关注它的节电功能，而年轻人关注的往往是它的品牌或时尚的外形和颜色，所以公司的调查研究是了解顾客需求的方式之一。

②细心观察（Observe）。柜台销售人员使用最多的方法就是当顾客走近柜台时，猜测他需要什么商品，这样就可以直接向顾客推荐这个商品了。猜测顾客需要的商品一般要通过细心的观察，积累工作经验。细心观察、积累经验确实能在一定程度上帮助了解顾客的需求，但这并不是最好的方式。

③引导提问（Problem）。通过提问来了解顾客的需求，是了解顾客需求的最好、最重要、最准确的一个方法。很多柜台销售人员都会主动走向顾客，并且喋喋不休地介绍非常多的商品，却很少询问顾客的需求，这就是说得太多，问得太少。专业的销售人员说得不一定很多，而提的问题却一定很多。当销售人员主动介绍商品时，掌握着沟通的顺序，使得工作比较容易进行；而提问需要根据别人的反馈来调整沟通的内容，所以比说要难很多。对顾客进行引导性的提问可以准确地掌握顾客需求，从而有效地进行商品销售。

提问的方式分为两类：一类是开放式的问题，另一类是封闭式的问题（见表5-3）。

④扩大成果（Expand）。在了解了顾客的需求之后则需要进一步扩大成果。柜台销售人员向顾客推荐商品时还要多让顾客参与，顾客参与得越多，对商品的关注和兴趣就相应地也会越大；投入越多，获得收获的意愿就会越强烈。

表 5-3　　　　　　　　　　**两种提问方式对比**

|  | 封闭式的问题 | 开放式的问题 |
|---|---|---|
| 顾客回答结果 | 答案只有"是"或者"不是" | 对方有足够的空间把想说的都表达出来 |
| 是否能够充分了解顾客需求 | 不能 | 能 |
| 顾客对于问题的感受 | 有压力 | 轻松 |

（3）了解顾客需求要注意的概念。

"需求"和"需要"看似同义词，在销售的过程中二者却存在着本质的区别。例如，如果一个人一天没有吃东西，饥饿会使他产生吃饭的需求。当他被问到吃点什么时，他可能就会说出一个具体的东西，一碗面，或是一碗米饭……这些具体的东西就是需要。

人们的需求实际上都是一样的，例如：顾客要购买冰箱，他们的需求都是能够保鲜食物，但是当顾客具体描述他所需要的冰箱时这种需求就变成了需要，或对冰箱的耗电量有要求，或对冰箱的外观颜色有要求。但是由于人的基本需求都一样，所以任何一种商品都可能销售给顾客，都可能被顾客购买。

在上面的例子中，对于一天的饥饿，为什么有选择面条和选择米饭的不同？原因在于欲望（Desire）。欲望是人们对更好的生存状态的一种追求。对于顾客的需要，销售人员可以根据同顾客的沟通结果进行调整，如果能把顾客的欲望引导到所销售的商品上，顾客最终所说出的商品需求就是销售人员要推荐给他的那件商品。

4.推荐商品阶段

柜台销售过程中非常重要的一个技巧，就是如何向顾客推荐商品。在这个环节中我们需要注意的是，推荐商品的依据是顾客的需求，只有调查了顾客的需求以后，才能有针对性地推荐商品。在推荐时一定要按照FAB法则的顺序，Feature要理解成商品所包含的属性；Advantage要理解成属性的用处；Benefit就是这项用处给顾客带来的利益。只有更好地运用FAB法则，才能让顾客记住你的商品，并且相信你的推销。

（1）介绍商品的步骤。

人的情绪都是可以相互影响和感染的，销售人员在推荐商品时如果对所销售的商品充满了感情和热爱，往往可以通过语言来吸引顾客，让顾客对商品产生更多的兴趣和欲望。

柜台销售过程中，介绍商品要分为3个层次（如图5-5所示）：

| 公司、品牌 | ⟹ | 产品 | ⟹ | 属性、用处、利益 |

**图5-5　介绍商品的层次**

①首先要介绍公司和品牌，其目的是让顾客信任商品是货真价实的。

②接下来介绍商品，包括介绍商品的一些功能和组成

材料。

③最后用获取利益的方法来说服顾客购买商品。

（2）介绍商品的原则。

介绍商品时要简明扼要、清晰易懂，争取一句话就能让顾客知道商品的优点。而且在柜台销售中介绍商品一定要循序渐进，要有选择性地介绍商品。比如在介绍商品时可以说"我认为这款机器'比较适合'您的家庭。"千万不要在第一次推荐时就说得非常绝对，让顾客没有选择的余地。

（3）顾客购买的种类。

任何一位顾客走近柜台，都会有3种可能性（如图5-6所示）：

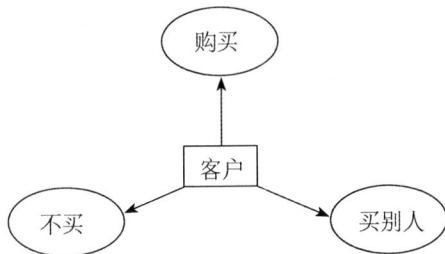

**图5-6　顾客购买的可能性**

购买了商品；不买商品直接经过柜台；经过柜台，也看了商品，但最终购买了竞争对手的商品。在这三种情况中，顾客购买商品的原因在于顾客存在着购买的行为，并且受两类因素的影响：一类是感性因素，另一类是理性因素（见表5-4）。

表 5-4　　　　　　　　　　　**影响顾客购买的因素**

| 类型 | 详细介绍 |
| --- | --- |
| 理性因素 | 进行数据分析：<br>1.价格：现在价格和过去价格的对比<br>2.功能：与竞争对手的同类商品进行对比<br>3.质量：售后服务 |
| 感性因素 | 抓住顾客冲动因素：<br>1.打折优惠<br>2.流行的款式或色彩 |

顾客是否购买一件商品，是由理性和感性这两方面的因素共同决定的。所以柜台销售人员在推荐商品时，先从理性的角度来介绍商品，让顾客知道商品物超所值，此时再加以感性因素，比如商品的打折优惠、流行、颜色等等。在柜台销售的过程中，两者的适度结合才能促成顾客最终实施购买行为。

另外推荐给顾客的商品价格越高，需要理性的因素就会越多，就需要侧重于理性方面的分析，分析商品的质量、性能价格比、售后服务等。如果商品的价格比较低，可能只需一个感性的因素就能让顾客购买。

（4）介绍商品的顺序。

在销售过程中，介绍商品需要遵循FAB法则。

用FAB法则介绍商品有两个好处：①能让顾客听懂商品介绍；②给顾客真实可靠的感觉。例如，冰箱销售人员向顾客介绍说："我们这种冰箱省电，每天只耗电0.8

度，而××牌子的冰箱用电超过了1度。"这种为了抬高自己商品的优势而贬低别人的做法往往会激发顾客的抵触情绪，顾客会说"但是你的冰箱价格比他的要贵很多"。这样使顾客在销售的过程中产生一种敌对情绪，销售变成了辩论。这种销售人员和顾客之间互相说服的过程，不是一个良好的销售氛围。

FAB法则在销售过程中应该理解为属性、用处、利益，并且要按照这样的顺序进行。用FAB法则介绍商品的程序如图5-7所示：

```
┌────┐      ┌────┐      ┌────┐
│属性│ ==>  │用处│ ==>  │利益│
└────┘      └────┘      └────┘
```

**图5-7　FAB法则介绍商品的程序**

例如，"先生您看一下，我们这款沙发是真皮的。"真皮是沙发的属性，是一个客观现实，即"F"。"先生您坐上试试，它非常柔软。"柔软是真皮的某项作用，就是"A"。"您坐上去是不是非常舒服？"舒服是带给顾客的利益，即"B"。将这三句话连起来，"先生你看这个沙发是真皮的，它非常柔软，坐上去非常舒服。"使顾客听后会产生顺理成章的认可。

5.处理异议完成销售

完成销售包括处理异议和完成交易两个阶段。在销售过程中处理异议是销售人员一般都要面对的过程，在处理异议时，首先要停顿片刻，分析异议产生的原因和种类，然后通过提问的方法来确定顾客异议产生的原因，从而锁定异议，确定顾客不购买商品的原因；接下来为顾客处理异议，根据异议的不同种类来使用不同的处理方式；如果顾客没有其他问题，就可以进入到完成销售的阶段。

完成销售可以采用直接、假设、选择和机会等成交法来适时地促成交易，并切记要微笑着目送顾客离开，自始至终都给顾客留下美好的印象，使得顾客乐于再次光临。

（1）处理异议。

①异议产生的原因。在柜台销售过程中，当销售人员向顾客推荐商品之后，很少会有顾客立刻表示购买，更多的顾客都会提出一定的异议。专业销售人员会把异议当成一个积极的信号，异议是顾客对商品有兴趣的表示，如果顾客听完销售人员的介绍转身就走，那说明他对商品没有任何兴趣，这将是更令人遗憾的事情。顾客提出的异议还可能是对商品的某些功能、特征不接受的一种表现，他们想了解更多关于商品的内容。顾客的异议还体现了柜台销售人员存在的价值，试想如果顾客一到柜台就直接购买，那么销售人员的存在就没有意义了。

②异议的分类。柜台销售人员在顾客提出异议时，首先要判断异议的种类，再有针对性地加以解决。柜台销售中的异议一般分为以下四种：

A.误解。顾客对商品有了不正确的认识就会产生误解，这时销售人员需要用令人信服的方式去说服顾客。顾客对商品的不正确认识，往往来自于他们的道听途说，要消除这种误解仅仅靠销售人员的语言说明是不够的，这时书面的材料证明更有说服力。例如一些报刊的报道、专家的鉴定、顾客的反馈意见、市场调查机构的调查报告等等。还可以让顾客看样品或实际来操作商品。顾客的亲身感受和辅助的证明材料，才是处理误解最有效的方法。

B.怀疑。柜台销售过程中，销售人员在向顾客介绍商品时，用的语言过于夸张或不够准确，都会使顾客产生怀疑，认为销售人员说的不是真的。销售人员在介绍商品的过程中要避免使用"最""唯一"这样的词汇，多使用准确数字，才能获得顾客的更多好感。

C.冷漠。有时销售人员介绍了很多，顾客却没有产生任何兴趣，原因就是顾客可能对销售人员介绍的商品没有需求，所以漠不关心。导致这样的情况是由于销售人员在提问了解需求阶段，没有掌握顾客的需求，就盲目地介绍商品。当销售人员发现顾客对介绍不感兴趣时，就要重新提问，了解顾客的真实需求。

D.不满。不满是顾客提出了商品客观存在的不足之处。不满的顾客往往看重了商品的某些方面的功能，而对于不满的地方在某种程度上也能够接受。这时销售人员不能和顾客争论，否则会使顾客产生抵触情绪，而应该强调顾客喜欢的那些特征，突出那些特征给顾客带来的利益。

（2）处理顾客异议的步骤。

处理顾客异议的步骤如图5-8所示：

| 鼓励 | → | 发问 | → | 确认 | → | 推介 | → | 查证 |

图5-8　处理顾客异议的五个步骤

①鼓励。第一步是鼓励顾客。鼓励也是最重要和最困难的步骤，因为这与一般人受到攻击时的自然反应背道而

驰。人受到攻击时，都会为自己辩保。当人们听到异议时，总是希望立即提出解答（或索性假装听不到），这是错误的处事方法。

在顾客提出异议的时候，不要急于答辩。应该坦然接受顾客是有权提出异议的，并且表示自己乐意听取顾客尽诉其心中疑惑；然后，细心倾听对方的说法。鼓励顾客发言，表示与对方心意相通。设身处地体会顾客的感受，有助于缓解敌意和抗拒情绪，感染对方，把对抗态度转化为愿意一起解决问题。在鼓励这个步骤中，必须谨记以下要点：顾客有疑问时，要请他详细解释。虽然鼓励是第一个步骤，但这是销售人员在处理异议的过程中必须贯彻使用的技巧。

②发问。在鼓励顾客畅所欲言之后，向对方提出问题，以澄清异议。销售人员往往没法找出客户对某个问题的实际疑惑。很多时候，实际的异议与顾客最初表达的有很大出入。发问可以找出顾客具体的顾虑。譬如，可以说："你的顾虑在哪一方面"或"你最大的疑惑是什么"，在发问这个步骤中，必须谨记以下要点：不应立即假设自己明白对方提出的异议。许多销售人员自找麻烦，原因就是自以为已经明白实际的异议，其实一点都不明白，必须确定自己听清楚实际的异议，才可以继续下一个步骤。切勿不断重复问题，或令顾客有被盘问的感觉。

③确认。当顾客讲述完异议，而销售人员认为自己确已明白，在回答前先查证自己是否真的了解问题所在。在继续下一步骤之前，必须清楚知道顾客的想法，

同时表明自己真的明白。实际的经验表示：提出解决办法之前，必须先确定自己了解对方的异议。尤其要注意，总结听到的意见，同顾客查证自己对事件的了解程度。

④解决。在掌握了顾客异议的性质后，销售人员就可以解答对方的异议，答案要尽量具体。异议及其相应的适当答案通常不外乎以下四类：误解，向对方澄清和解释；怀疑，用实例、其他客户的推荐语、示范和其他确切证据，证明自己的产品或服务有效；实际缺点，证明优点可以补缺点之不足；实际投诉，以行动补救。

⑤查证。查证顾客的异议是否已解决。你可以直接问对方是否满意你的解答。若对方不满意，重复上述步骤，先鼓励顾客，然后发问，以找出实际的异议。必须确定异议得到圆满解决，直接问顾客是否满意你的解决办法，若对方不满意，重复步骤一至五。在处理异议时，首先要停顿片刻，分析异议产生的原因和种类，然后通过提问的方法来确定顾客异议产生的原因，从而锁定异议，确定顾客不购买商品的原因。接下来为顾客处理异议，根据异议的不同种类使用不同的处理方式。顾客如果没有其他问题，就可以进入到下一个阶段，即完成销售阶段。

（3）完成交易（完成销售阶段）。

①价格呈现。对每个顾客来说，花钱买一样东西都是件很慎重的事情，所以要掌握对顾客报价的技巧（如图5-9所示），适时地进行价格呈现。

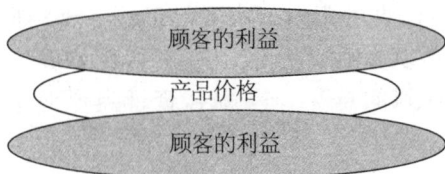

图 5-9　价格汉堡包

当顾客询问价格时一定要注意，不要马上说出商品价格，首先要说一点儿商品给顾客所带来的好处，然后再说商品的价格，最后再说一点儿商品给顾客带来的好处，这种价格呈现方法叫作"价格汉堡包"，即用两个给顾客带来的利益，把价格包起来。这也符合人的记忆的原则，人们在相互沟通时，最容易记住的就是第一句话和最后一句话，而忽略中间的话。使用"价格汉堡包"的价格呈现方法，目的就是使顾客忽略价格而记住商品能够给他带来的好处。

②完成交易。完成交易，就是可以开票让顾客去付款。当看到顾客的购买信号时，顾客已经决定购买了。这时销售人员要及时地完成交易，给顾客开票，让顾客去收款台交款。因为任何人对商品的购买欲望都是一个上升的过程，达到了购买点如果没有及时完成销售，顾客的兴趣可能马上就会减弱下来，就不容易完成销售了。所以当看到顾客的购买信号就要立刻促进顾客的购买行为。

③成交方法。具体有以下四种：

A.直接成交法。直接成交法即直接要求办理成交手续。例如，销售人员对顾客说："这是送货单，请您填写一下。"

B.假设成交法。假设顾客已经决定购买，询问其购买的细节问题。例如："您希望什么时候送货呢？"

C.选择成交法。给顾客几种方案让他们选择。例如："您喜欢哪种颜色？白色的还是蓝色的？"

D.机会成交法。把销售看成是给予顾客的一次机会。例如："现在正在促销，买一赠一。"

6.送客阶段

当顾客完成购买以后，会下意识地回头再看一眼柜台，这时销售人员一定要继续表现出热情，目送顾客一定的距离。送客阶段也是非常重要的一个阶段，目的是给顾客自始至终留下一个美好的印象，顾客再次购买时，还会想要选择这里。销售人员在柜台销售工作中与顾客交流的时间虽然十分短暂，但其中需要的技巧和专业行为却是很多的。

## ◎ 实训操作步骤

门店商品销售技巧训练步骤如图5-10所示：

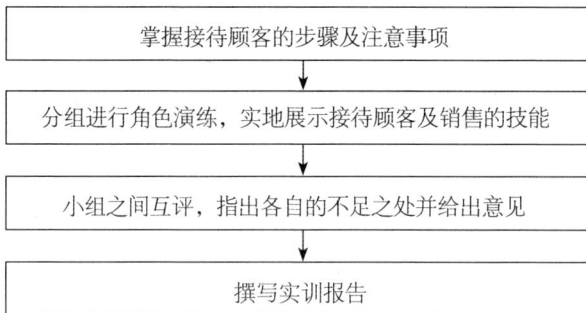

掌握接待顾客的步骤及注意事项

分组进行角色演练，实地展示接待顾客及销售的技能

小组之间互评，指出各自的不足之处并给出意见

撰写实训报告

**图5-10  门店商品销售技巧训练步骤**

步骤一：掌握接待顾客的步骤及注意事项

一、门店柜台销售服务的指导原则_____

_____

_____

二、柜台销售人员的要求_____

_____

_____

三、销售员接待顾客的步骤_____

_____

_____

步骤二：分组进行角色演练，实地展示接待顾客及销售的技能

一、做好准备工作

1.角色分工_____

_____

_____

2.情境设计_____

_____

_____

二、角色演练

1.准备阶段_____

_____

_____

2.迎客阶段_____

_____

_____

3.了解需求阶段_____

_____

_____

4.推荐商品阶段_____

5.处理异议完成销售_____

_____

_____

6.送客阶段_____

_____

_____

**步骤三：小组之间互评，指出各自的不足之处并给出意见**

1.准备阶段_____

_____

_____

2.迎客阶段_____

_____

_____

3.了解需求阶段_____

_____

_____

4.推荐商品阶段_____

_____
_____
5.处理异议完成销售_____
_____
_____
6.送客阶段_____
_____
_____

## 步骤四：完成小组实训报告

### 一、实训报告
_____
_____
_____

### 二、汇报PPT
_____
_____
_____

## ◎ 案例分析讨论

### 案例一

　　某次出差时，小张到飞机场很早，离登机时间还有一小时，想去附近的小超市逛一下。当他提着包距离超市还有 10 米时，突然走来了 3 位柜台销售人员，微笑并鞠躬说："先生，欢迎光临。"小张当时的感觉是"坏了，早知道有柜台人员我就不来了"。在柜台前，这几个销售人员拿出商品逐个地介绍，整个柜台只有10米，但对于小张来说那是非常漫长的10米。以后他再到机场看到超市时，首先确认的并不是要不要买东西，而是有没有柜台销售人员，"如果没有的话，我就去看一下，如果有的话肯定就不去了"。

讨论：

1.为什么小张如此惧怕销售人员？

2.针对此种情况，销售人员在以后的工作中应该怎样正确接待顾客呢？

**案例二**

一名冰箱推销人员见一位先生走过，马上微笑着迎上前去："先生，您看这是新产的节能冰箱，一天耗电量只有0.8度，而且它的外观十分新颖……"在销售人员介绍完冰箱的一大堆优点之后顾客终于说话，"对不起，你介绍得很好，可是我家里已经有冰箱了，我这次是想买一个冰柜"。销售人员显得非常尴尬，"哦，您要看冰柜呀，那请这边……"还有的冰箱销售人员见顾客来了，最常问的封闭问题是"您买冰箱吗？"在这种情况下，有经验的顾客通常会回答："对不起，我不买。"因为顾客知道，如果说"对，我买冰箱"，促销员就会围着自己不厌其烦地介绍，这样就会带来很多压力，不能尽情地去选择商品。

讨论：

1.案例中销售人员犯了什么样的错误呢？

2.销售人员应该怎样正确推介商品才能达到效果呢？

## ◎ 实训效果评价

门店商品销售技巧训练评价表，见表5-5。

表5-5 门店商品销售技巧训练评价表

| 实训任务 | 考核标准 | | 分值（分） | 评分（分） | | |
| --- | --- | --- | --- | --- | --- | --- |
| | 考核要素 | 评价标准 | | 自评（10%） | 互评（30%） | 教师评（60%） |
| 角色分工情境设计 | 资料查找能力、团队合作能力 | 能合理分工，制订工作计划 | 25 | | | |
| 角色演练 | 实践能力、观察能力 | 正确演绎接待顾客、销售商品的步骤；掌握基本的销售方法 | 45 | | | |
| 总结汇报 | 资料分析能力、写作能力、团队合作能力 | 正确提交实训报告，制作图文并茂、内容翔实的PPT | 30 | | | |
| 合计 | | | | | | |
| 评语 | | | | | | |

# 主要参考文献

[1] 颜莉霞. 连锁门店店长综合实训 [M]. 北京：中国人民大学出版社，2012.

[2] 胡启亮. 连锁企业门店营运管理 [M]. 北京：科学出版社，2014.

[3] 寇长华. 理货业务训练 [M]. 北京：科学出版社，2015.

[4] 高磊. 理货员岗位实训 [M]. 北京：高等教育出版社，2013.

[5] 平文英. 商品管理实务实训指导手册 [M]. 北京：经济管理出版社，2014.

[6] 蔡忠焕. 连锁企业门店营运实务 [M]. 重庆：重庆大学出版社，2011.

[7] 王忆南. 连锁门店营运管理 [M]. 北京：中国人民大学出版社，2010.